M

Papel certificado por el Forest Stewardship Council®

Primera edición: octubre de 2024

© 2024, Dany Blázquez
© 2024, Penguin Random House Grupo Editorial, S. A. U.
Travessera de Gràcia, 47-49. 08021 Barcelona

Penguin Random House Grupo Editorial apoya la protección de la propiedad intelectual. La propiedad intelectual estimula la creatividad, defiende la diversidad en el ámbito de las ideas y el conocimiento, promueve la libre expresión y favorece una cultura viva. Gracias por comprar una edición autorizada de este libro y por respetar las leyes de propiedad intelectual al no reproducir ni distribuir ninguna parte de esta obra por ningún medio sin permiso. Al hacerlo está respaldando a los autores y permitiendo que PRHGE continúe publicando libros para todos los lectores. De conformidad con lo dispuesto en el artículo 67.3 del Real Decreto Ley 24/2021, de 2 de noviembre, PRHGE se reserva expresamente los derechos de reproducción y de uso de esta obra y de todos sus elementos mediante medios de lectura mecánica y otros medios adecuados a tal fin. Diríjase a CEDRO (Centro Español de Derechos Reprográficos, http://www.cedro.org) si necesita reproducir algún fragmento de esta obra.

*Printed in Spain* – Impreso en España

ISBN: 978-84-10298-01-9
Depósito legal: B-12.839-2024

Compuesto en Grafime Digital, S. L.
Impreso en Huertas Industrias Gráficas, S. A.
Fuenlabrada (Madrid)

GT 98019

DANY BLÁZQUEZ

# Hazle un hueco al dolor

Cómo convivir con la pérdida y transitar el duelo

Montena

*A todas mis pérdidas, por enseñarme a vivir.*
*A Gonzalo, por ser el faro, el ancla, el mar en calma.*

# Índice

Prólogo, 13
Introducción, 17

## I | HAZLE UN HUECO AL DUELO, 27

1. Vivir: una despedida constante, 29
   La primera pérdida, 32
   Duelo y vínculo, 36
   Validar el duelo, 38
   Sabes hacerlo, 42
   *El diario de duelo*, 44

2. Qué es el duelo, 47
   Duelo y control, 49
   Huérfanos ante la pérdida, 52
   Los distintos duelos, 55
   El duelo anticipado, 63
   Cuando el duelo se complica, 65
   El mito del «duelo cronificado», 67
   *Acompañar en el duelo:
   qué decir y qué no decir*, 69

3. **Los tiempos del duelo**, 71
   *Las supuestas fases del duelo*, 72
   *Las punzadas del duelo*, 78
   *Qué hacer en las fechas señaladas*, 90

## II | HAZLE UN HUECO A LA EMOCIÓN, 93

4. **De bruces contra la expectativa**, 95
   *Duelo y expectativas*, 99
   *Emociones y expectativa*, 103
   *Vínculo y expectativas*, 106
   *Cuando todo sigue*, 111
   *Serotonina y capitalismo*, 113
   *El duelo antes del duelo*, 115
   *Worst case scenario*, 117

5. **Todo lo que me toca sentir**, 119
   *¿Duelo o depresión?*, 124
   *El efecto dominó*, 129
   *Los duelos alrededor de mi duelo*, 130
   *Las dos opciones*, 135
   *Malestar vs. sufrimiento*, 139
   *Los valores como ancla emocional*, 141
   *El autorregistro*, 144

6. **¿Por qué necesito el dolor?**, 147
   *Para qué sirve el dolor*, 147
   *La culpa*, 157
   *Las emociones hay que habitarlas, no evitarlas*, 159

# ÍNDICE

Aceptar no es conformarse,
es dar espacio, 160
¿Para qué sirve un paraguas?, 162
*La caja de recuerdos*, 165

7. ¿Qué se supone que significa «soltar»?, 167
Nuestras resistencias, 170
La narrativa coherente, 172
Vivir haciendo malabares, 177
Hablar para soltar, 179
*La carta de despedida*, 182

8. Aprender a vivir con la muerte, 183
No hay una edad para morirse, 185
El miedo a morir, 191
La nada, 193
El deseo de trascendencia, 196
Vivir sin miedo a morir, 197
La certeza y el control, 199
*La carta de reclamo*, 202

## III | HAZLE UN HUECO A LA SANACIÓN, 203

9. Hacia una despedida amable, 205
Construir rituales con sentido, 207
Mi funeral perfecto, 209
*Los altares y los lugares*, 214

10. Hazle un hueco al dolor, 215
Los mitos del duelo, 217
Atender al cuerpo, 220

## HAZLE UN HUECO AL DOLOR

El bosque del malestar, 223
¿Y si este duelo no me duele?, 226
Lo que te cuentas sobre lo vivido, 228
Reconstruir la identidad, 231
*Cuándo pedir cita con un psicólogo*, 234

**11. La teoría de la lista de la compra,** 237

Epílogo: Y ahora qué, 243
Agradecimientos, 249
Lecturas recomendadas, 251

# PRÓLOGO

Los domingos por la mañana era nuestro momento familiar más esperado. Mi padre, que trabajaba a destajo de lunes a sábado para mantener a su familia, disfrutaba charlando con mi madre y sus tres hijos mientras alargaba el desayuno hasta el mediodía. Recuerdo perfectamente el impacto que tuvo en mí la primera vez que nos habló abiertamente de la muerte; en concreto, de la suya. «Quiero que sepáis que he decidido incinerarme, y quiero que arrojéis mis cenizas a la Ría». Nos quedamos mudos y preocupados. «Pero ¿estás bien, papá?». «Sí, sí, pero quiero que sepáis por mí cuáles son mis últimos deseos, para que no tengáis dudas a la hora de despedirme». Nos asustó bastante esa conversación, aunque mi padre consideraba que hablar de la muerte con naturalidad era algo muy necesario. «No quiero esquela, no quiero flores, no quiero misas, no quiero a nadie de luto, y espero que os peguéis una buena comilona a mi salud. Y luego me echáis a

## HAZLE UN HUECO AL DOLOR

la Ría». Trabajaba en unos astilleros desde los dieciséis años y amaba y respetaba profundamente el mar. Y allí quería descansar por toda la eternidad.

Hablar de la muerte nos ayudó muchísimo a afrontar su prematura pérdida a los cuarenta y seis años de edad. La hoja de ruta que había trazado entre cafés y tostadas fue la brújula que nos permitió transitar el duelo. Mi madre tenía cuarenta y cuatro años cuando perdió al amor de su vida, y yo acababa de cumplir los veinte. Aprender a vivir sin mi padre no fue fácil para nadie. Ojalá hubiera conocido entonces a mi querido amigo Dany Blázquez. Visitar a un psicólogo en 1994 no estaba bien visto.

Un año después de la muerte de mi padre, en casa se respiraba una sensación de cierto alivio e íbamos levantando cabeza poco a poco. Todo encuentra su lugar, como bien se describe en estas páginas. Pero la vida nos tenía preparado un giro terrible. Mi hermano pequeño falleció a los dieciocho años, y nos dejó a todos completamente rotos. Nuestra familia de cinco miembros quedó reducida a tres supervivientes en tan solo un año. Devastador. Inenarrable. Mi familia y yo vagamos durante largo tiempo sin consuelo posible, a la deriva y en total oscuridad. Todos tenemos lagunas de aquella época.

Oculté durante décadas la existencia de un hermano muerto. Cada vez que pensaba en él, me faltaba el aire, me ahogaba, literalmente. De nuevo tratamos de salir adelante sin herramientas, sin hablar de lo ocurrido, escapando de la pérdida, sin hacerle un hueco al dolor. Craso error.

# PRÓLOGO

¿Cuántas personas huyen del malestar que suponen las pérdidas creyendo que el tiempo lo cura todo por sí solo? ¿Cuántas vidas infelices caminan sin rumbo por no haberle dado espacio a su dolor? ¿Cuántos vacíos por duelos no transitados se tratan de llenar con adicciones diversas? Por desgracia, son incontables. Me emociona y reconforta formar parte de este proyecto tan necesario como es *Hazle un hueco al dolor*. En una sociedad cada vez más sobreprotectora y anestesiada, este libro nos invita a perderle el miedo al sufrimiento, a encarar el dolor para no renunciar, paradójicamente, a volver a vivir momentos felices.

Dany Blázquez está a punto de sumergirte en un texto que te cambiará la vida. La vida duele, a veces, de manera insoportable. Pero hablar de la muerte, de las pérdidas, de las rupturas, hacerle un espacio al dolor, aunque pueda parecer contradictorio, lo vuelve más soportable. Lo he aprendido con este libro, y la persona más valiente que conozco, mi madre, me lo recuerda cada vez: «Por increíble que parezca, por terribles que hayan sido los golpes, a pesar del vacío y del más oscuro de los pozos en los que te hayas quedado atrapado, se puede volver a ser feliz». Ojalá este libro arroje mucha luz y esperanza a aquellas personas que más lo necesitan.

Te invito, como Dany, a descongelar tus duelos y atravesar tu dolor para conectar con la esperanza y volver a vivir.

CARLOTA CORREDERA

# INTRODUCCIÓN

Una de las primeras verdades que comparto con mis pacientes cuando llegan a consulta tiene que ver con lo decepcionante que resulta a veces iniciar un proceso terapéutico. Y no es un camino desalentador porque sea complicado trabajar ciertas demandas o porque no se puedan lograr los objetivos. Tampoco por las dificultades que conlleva poner en pie un relato doloroso y que, en muchas ocasiones, conecta con una vulnerabilidad que no conocías. Todo eso es cierto. Hay demandas muy complejas de solventar y objetivos casi utópicos; el precio de las sesiones puede llegar a ser un problema para muchas personas que, simplemente, tienen una vida normal, con un sueldo medio y un alquiler desorbitado; y la narrativa de los hechos que componen una vida es, muy a menudo, un puzle complejo de armar por su dureza y porque te devuelve una imagen que llevabas años tratando de ocultar bajo la tentadora mirada de la ignorancia.

## HAZLE UN HUECO AL DOLOR

**Visitar la consulta de un psicólogo puede resultar decepcionante cuando aquello que buscas no es más que la anestesia emocional.** Porque sufrir es muy doloroso, agotador, frustrante, te devora todas las fuerzas y te deja sin aliento. Porque, en ciertos momentos, llenar la caja torácica de aire se convierte en todo un desafío y duele como si estuvieras cargando demasiados kilos. Porque sientes que te incapacita para casi cualquier cosa, desde comer hasta quedar con un buen amigo, pasando por la agotadora sensación de no poder salir de la cama. Porque piensas que se te han acabado las lágrimas y ya no te queda forma humana de sacarte el dolor de dentro. Porque te lo quieres extirpar como si fuera un cáncer que envuelve cada rincón de tu cuerpo y porque todas estas sensaciones emborronan cualquier esperanza de cambio, avance o mejoría. Porque el camino que todos a tu alrededor tratan de dibujarte no existe, o no parece que exista, y porque el cartel de SALIDA hace mucho tiempo que dejó de brillar y ahora no sabes ni en qué dirección caminas, si es que te quedan fuerzas siquiera para eso. Lo sé porque lo he vivido, igual que tú.

En esos momentos, la misma vida que antes transitabas con normalidad se vuelve imposible, cuesta arriba y absolutamente desconocida. ¿Cómo podías antes hacer todas esas cosas, incluso disfrutarlas? ¿Qué hay de tu yo más genuino, de la sonrisa perdida y del brillo en los ojos? ¿Cómo es posible que no te quede amor para dar, que seas incapaz de volver a sentir ilusión o alegría? ¿Cómo puedes seguir vivo si apenas has comido en días? ¿Qué ha pasado contigo? ¿Dónde estás? Ni siquiera eres capaz de encontrarte en el espejo. En él ves una versión ausente

# INTRODUCCIÓN

de ti mismo, un cuerpo inerte, sin capacidad para reaccionar y cuyo corazón late con un susurro casi imperceptible. Cómo no vas a querer anestesiarte, si lo bueno ya no lo sientes y lo malo lo sientes entero.

Por supuesto que puede resultar decepcionante llegar a una consulta de psicología y que te digan que aquello no va de dejar de sentir el malestar, sino de conectar con todo ese dolor, entenderlo, experimentarlo y regularlo para que deje de ser incapacitante. Tu expectativa se hace añicos en cuestión de segundos y, lejos de salir del confinamiento emocional, se te invita a experimentarlo como si eso fuera mínimamente apetecible. Y no, no apetece nada. Pero uno de los principales deberes del terapeuta es hacer entender a la persona que tiene delante que ese es el camino de la liberación. Parece paradójico, y lo es, porque, aunque no se trate de evitar el malestar sino de procesarlo, resulta tremendamente liberador hacerlo.

Si me permites un paralelismo simplón y algo absurdo, te diré que transitar el malestar es como hacer deporte: puede ser costoso, desagradable y requerir un gran esfuerzo, pero la sensación inmediatamente posterior es muy placentera. Te aseguro que enfrentarse a la incomodidad en determinadas circunstancias vale la pena cuando el objetivo final es volver a respirar. Sí, necesitas sudar si quieres ver tus abdominales marcados bajo la piel, igual que **necesitas experimentar las emociones que tu cuerpo está demandando para dejar de sentir el corazón en un puño.**

Y de eso, precisamente, va este libro. Sé que todavía no he mencionado la palabra mágica, ese proceso psicológico por el que muy probablemente estés pasando y la razón por la que este libro ha caído en tus manos. Todavía no lo he hecho porque, aunque en las siguientes páginas voy a tratarlo de forma específica, en realidad este libro habla de encontrarle un espacio al malestar, de hacerle un pequeño hueco a eso que nos toca la herida y nos hace daño, a esa incómoda sensación que no se marcha por mucho que le demos la espalda. Yo también he vivido mi propio proceso de liberación a través de hallarle ese huequito al dolor, de integrarlo como parte de mi naturaleza humana, y he sentido el descanso profundo que supone dejar de luchar por evitar algo de lo que no puedo escapar.

Tengo miedo, no te mentiré. No es fácil enfrentarse a una página en blanco, y mucho menos cuando tu objetivo es ocuparla con conocimiento útil y valioso para aquel que la sostenga con sus manos unos meses más tarde. Te confieso que uno de mis temores es no sentirme a la altura de las circunstancias, lo que me sirve para confirmar que está todo bien, que siento aquello que me corresponde sentir. Si no experimentara este vértigo, probablemente habría dejado la humildad y la honestidad muy lejos de mí, y eso no me permitiría escribir desde el corazón y tratar de transmitirte lo poquito que sé; que no por ser poco es menos valioso. Es probable que haya personas más preparadas que yo para hablar de esto y, aun así, no osen enfrentarse a esta página en blanco. Mi objetivo es conceptualizar, explicar y hacer más amable un proceso psicológico por el que has pasado, estás viviendo y probablemente volverás a experimentar unas cuantas veces más hasta el final de tu vida.

## INTRODUCCIÓN

**Este libro no es un libro de autoayuda**, aunque estoy seguro de que lo encontrarás en esta sección de muchas librerías. No pretendo que lo utilices para autoayudarte. Sí, puede que te ayude, ojalá, pero siempre te animaré a que te acompañes de aquellas personas que te permitan caminar bien erguido, o de los profesionales oportunos en su caso. Tampoco es un libro de terapia, aunque quizá te resulte terapéutico leerlo. **Este libro no sustituye un proceso terapéutico**, por eso es importante para mí animarte a que —si tu dolor o tu malestar es muy incapacitante y desbordante y sientes que no puedes continuar tú solo o sola— busques a un profesional de la psicología para que te acompañe en esta travesía. **Déjate coger de la mano y encontrarás la manera de sobrevivir.** No es un libro teórico sobre el duelo, aunque me apoyaré en bases teóricas y científicas todo el rato. Este libro tan solo te permitirá entender mejor lo que te pasa y por qué te pasa, para que integres el sentido y la función de tus emociones, para que **no escapes de aquello que, en el fondo, te mantiene vivo**, para que busques dentro de ti la manera de sentirte más conectado contigo mismo y para que el camino te sea un poco más agradable.

No te contaré ningún gran secreto en estas páginas. Puede que muchas de las cosas que leas a continuación no las conocieras con anterioridad y quizá descubras una nueva manera de habitar en esta vida, pero no quiero engañarte con eslóganes tramposos ni métodos milagrosos. Tampoco esperes que utilice terminología o conceptos psiquiátricos que suenan superatractivos, **no voy a patologizar problemas normales**, y mucho menos emociones naturales, y tampoco usaré etiquetas diagnósticas ni ideas simplistas para vender más. Conozco las reglas del juego, y asumo algunas de ellas para poder materializar este libro y permitir que llegue a tus manos en este formato, pero que la industria no cuente conmigo para encapsular y estigmatizar aquello que nos hace humanos solo porque así es más fácil de vender.

Como comprenderás, en estas páginas es imposible abarcarlo todo, y tampoco lo sé todo. De hecho, puede que ni siquiera la comunidad científica lo sepa todo sobre el duelo a día de hoy. Por eso mi propósito con este proyecto es humilde y ambicioso al mismo tiempo. Quiero hacer una aproximación teórica que te resulte útil y que te sirva **para encajar y reubicar el dolor en aquel espacio que te permita vivir.** Voy a hablar de eso que sientes para que comprendas desde qué lugar aparece y con qué razón, pero, sobre todo, **cómo puedes utilizar lo que te pasa para convertirlo en algo que quepa dentro de ti, para que dejes de sentir que es superior a tu propia naturaleza.**

Te explicaré mi manera de entender el duelo, la pérdida, y cuál creo que es la forma más saludable de acogerla y recolocarla. El valor que te aporto aquí es el personal, antes de que la inteligencia artificial termine por sustituirnos. Cuando hablamos de duelo, hablamos de nuestro más profundo dolor, de emociones y sensaciones que las máquinas todavía no pueden interpretar. El duelo es una realidad, sí, pero es una realidad que podemos dibujar de diferentes maneras. Cada uno de nosotros lo expresamos y experimentamos de distintas formas, y por eso es tan relevante que lo humano, lo personal, juegue un papel fundamental al tratarlo. Estamos elaborando duelos constantemente. Cada vez que to-

## INTRODUCCIÓN

mamos una decisión, asumimos unas pérdidas y otras tantas renuncias —no, no solo transitamos un duelo cuando muere un ser querido—; y quiero hablarte de las famosas y, a veces, temidas fases por las que podemos transitar. Quiero contarte que no siempre las experimentamos; que saltamos de unas a otras, a veces, sin ningún orden; que algunas pueden durar más que otras y que no se viven de igual manera en todos los duelos. Quiero explicarte qué papel juegan las expectativas en nuestras pérdidas, y avanzarte todo lo que vas a sentir, pero sobre todo quiero compartir contigo qué puedes hacer con todo eso que vas a sentir. **El dolor es necesario**, aunque no quiero que te quedes con esa falsa idea de que, para ser feliz y estar bien, hay que haber sufrido antes. No funciona así, y me gustaría explicártelo. Me gustaría contarte qué significa «soltar» y cómo se hace. Y, por supuesto, quiero hablarte de las punzadas del duelo.

También me gustaría que habláramos de la muerte, del miedo que le profesamos y de la búsqueda de sentido en nuestras pérdidas. A veces, encontrarle un sentido a lo perdido es muy liberador, pero no siempre lo tiene, por eso quiero hablarte de qué hacer cuando no lo hallamos. Te contaré cómo hacerle un hueco al dolor, para qué te puede servir. Mi objetivo es que este libro te resulte útil. Y, para ello, entre los capítulos encontrarás estrategias concretas para transitar y gestionar tu duelo. Algunas son conocidas por cualquier profesional especializado, otras son de mi propia cosecha.

Siempre he tenido vocación asistencial. He sido ese amigo al que todos pedían consejo, el niño «muy maduro para su edad» que se encargaba de cuidar aunque no le correspondiera, el marginado de la clase y el chaval al que lo perturbaban las injusticias y debatía sobre política antes de cumplir la mayoría de edad. Mi gran vocación ha sido la comunicación durante gran parte de mi vida, y por eso empecé a escribir desde muy pequeñito. En Primaria, estaba enganchado a la colección literaria de Los Cinco y, cuando terminaba de leer, iba corriendo al ordenador a reescribir: a partir de los mismos personajes y algunos elementos de la trama principal construía una nueva historia. Pronto empecé a colaborar en algunos medios de comunicación: primero, en una web especializada en música; luego, en periódicos digitales que me pagaban algo más que entradas de conciertos. Mi vocación por la comunicación empezó a compartir espacio con mi necesidad de entender y explicar la conducta humana. A los quince años cayó en mis manos el libro *Tus zonas erróneas*, del psicólogo Wayne Dyer, uno de los libros de «autoayuda» más vendidos de la historia y con el que descubrí las infinitas posibilidades que tenemos para regular y gestionar nuestro malestar. Hoy no recomendaría un libro como ese, por varias razones que te contaré al final, pero lo cierto es que me cambió la vida y puede que sea el motivo último por el que hoy estoy aquí escribiendo estas palabras.

A ese interés por lo humano le siguieron mis estudios de Trabajo Social y, más tarde, de Psicología. En medio, antes y después hice muchos cursos y algún que otro máster, siendo la especialidad en duelo la que ha dirigido mi carrera. Siempre me interesó la muerte y todo lo que la rodea, lo que se supone que ocurre después y todo lo que

# INTRODUCCIÓN

podemos hacer para que el final sea lo más amable posible. Y, por supuesto, qué pasa cuando la muerte se abre paso mientras el resto nos quedamos aquí, y por qué eso se parece tanto a lo que sentimos con cualquier otra pérdida. **¿Cómo es posible que me duela más una ruptura sentimental que la muerte de un familiar? ¿Por qué lloré tanto el final de la vida de mis perros y no el de mis abuelos? ¿Cómo puede uno romperse después de una mudanza y sobrevivir, sin mayor complicación, al fallecimiento de un ser querido?**

Cuando alguien comienza un proceso terapéutico, a veces quiere anestesiarse y dejar de sentir. Pero, si está en buenas manos, es probable que el terapeuta lo ayude a conectar con esa vulnerabilidad y la convierta en una aliada, es posible que comience a habitarla con mimo y se deje seducir por todo lo que le permite experimentar y sentir. A veces, los pacientes terminan por no reconocerse. Aquello de lo que antes huían se ha convertido en un compañero de viaje con el que compartir. **Creo que mi intención escribiendo este libro se parece un poco a esa idea de dejar de huir para permitirse.** Creo que tengo un objetivo ambicioso pero posible: que acabes este libro sintiendo a otra frecuencia, que te cueste reconocerte y que eso te reconcilie contigo mismo o misma. Este libro, este viaje, puede llegar a ser también un duelo. ¿Me dejas acompañarte?

## PRIMERA PARTE
# HAZLE UN HUECO AL DUELO

## Capítulo 1
# VIVIR: UNA DESPEDIDA CONSTANTE

¿Qué me dirías si te dijera que la muerte no es el final de la vida? ¿Qué me dirías si te dijera que estás poniendo el foco en el último escalón, mientras que, por el camino, estás perdiendo tus pertenencias, recuerdos y vínculos? La muerte está presente en cada momento de nuestra vida: vemos morir amistades, relaciones de pareja y los propios sueños. Somos testigos de la muerte de negocios, series de televisión, contratos de trabajo, incluso de lugares físicos. Mira un momento a tu alrededor y fíjate en todo aquello que ya no está, en lo que ha desaparecido o tomado una forma diferente en los últimos años. Fíjate en esa calle a la que le han arrancado los árboles, o en ese establecimiento que antes solía ser una mercería y ahora es un supermercado. Echa un vistazo a tu lista de chats de WhatsApp e intenta recordar los nombres de las personas que aparecían en esa misma lista hace dos o tres años.

Cuenta cuántos años te pueden quedar de vida, si es que tuvieras la garantía de que tu vida fuera a terminar en la vejez. Mira dentro de ti y dime qué queda del niño que fuiste, de la joven que soñaba o de la pareja que deseabas ser. Ni siquiera a veces tú mismo eres capaz de reconocerte. Tu propia identidad ha sido comprometida por tu propio análisis, y ahí también eres capaz de detectar numerosas ausencias. **Vivimos rodeados de muerte, de finales, de despedidas y de pérdidas.** Convives cada día con ellas y es muy probable que no te hubieras dado cuenta de que elaborabas duelos constantemente, desde el principio. Desde el primer momento de tu vida, desde tu primer aliento.

Siempre me ha interesado la muerte como fenómeno y como concepto, qué implica desaparecer de este mundo y qué ocurre después, lo imprevisible y democrática que es: el final esperado de todas y todos nosotros. No existe otro camino que nos dirija hacia otro lugar, o, mejor dicho, cualquier sendero que podamos tomar nos conduce hacia el mismo sitio. Es posible que su irremediabilidad y el hecho de haber tomado conciencia de ello desde muy pequeñito hayan contribuido a que maneje el tema de la muerte con la mayor naturalidad y normalidad del mundo. Me apasiona hablar del universo de la muerte, pero mi interés por ella no tiene nada que ver con lo misterioso, oculto, extraño o inquietante, ni con lo espiritual; más bien con lo filosófico. La filosofía aspira a dar respuesta a lo desconocido, a interpretar el mundo en el que vivimos y nuestra forma de habitar en él, trata de otorgarle algún sentido que nos permita construir un propósito vital, ¿cierto? Bueno, pues creo que todo eso es lo que me acerca de una forma primitiva, casi natural, hacia la muerte.

Cuando me preguntan acerca de mi interés por el duelo, todo el mundo espera que hable de una muerte traumática que marcó mi vida para siempre, tanto que condicionó mis estudios y mi carrera profesional hasta el punto de utilizar todo mi potencial como psicólogo para sanar mis heridas emocionales y, con ello, las de aquellos que visitan mi consulta. Supongo que es mucho más fácil vender un relato que conecta de forma directa y transversal con la emoción y la empatía de aquel que lo escuche. Pero lo cierto es que no he vivido tal cosa y que mi acercamiento a la gestión de las pérdidas ha sucedido de una forma mucho más orgánica y menos determinante.

Habrás notado que he pasado de hablar de la muerte a hablar de la pérdida. Ya adelanté en la introducción que **hablar del duelo no significa reducirlo a la muerte**, y puede que hayas escuchado ya alguna vez que existen duelos muy diversos y que **cualquier pérdida que experimentemos puede sentar las bases que desencadenan la elaboración de un duelo**. De hecho, **has vivido tantos duelos como pérdidas llevas a las espaldas**, y quizá ni te hayas percatado de alguno de ellos porque, en el fondo, tenemos muy interiorizadas e integradas algunas de nuestras pérdidas. Pero vayamos por partes y dejemos el trabalenguas para luego.

# La primera pérdida

¿Alguna vez te has preguntado por qué los bebés lloran al nacer? Hay varias razones; seguro que ya te imaginas algunas de ellas. Dentro del cuerpo de sus madres, los bebés reciben el oxígeno a través del cordón umbilical y no necesitan esforzarse para obtenerlo hasta que nacen. El nacimiento coincide con el inicio de la respiración; a través del llanto, abren sus vías respiratorias, llenan los pulmones de aire y comienzan el proceso de respiración independiente. Esto les permite, además, limpiar el cuerpo de algunas secreciones o restos de líquido amniótico con el que han convivido los últimos nueve meses. Ya sabes, además, que el llanto es el principal medio de comunicación de los recién nacidos. Las lágrimas y quejas les sirven para expresar todas las necesidades en sus primeros meses de vida: la alimentación, la regulación de su temperatura, la atención o, cómo no, la incomodidad.

Nacer es uno de los desafíos más estresantes e incómodos que experimentamos en la vida. Suerte que ninguno de nosotros lo recuerda. El nacimiento implica una serie de presiones y movimientos bruscos mientras se atraviesa el canal de parto. Es una transición abrupta —a veces dolorosa— de un ambiente cálido, protegido y fluido a uno más frío y peligroso, lleno de estímulos sensoriales como la luz, el sonido y el tacto, que pueden ser abrumadores y causan una sensación de vulnerabilidad, desorientación y orfandad muy desagradables.

Es decir, tu primer duelo lo experimentas al nacer, con tu primer aliento. ¿Cómo no vas a llorar si, de pronto, dejas de habitar el único espacio conocido desde tu concepción: el útero de tu madre? ¿No te parece aterrador abandonar ese lugar de un modo tan rudo, sin explicación alguna y sin capacidad de procesarla ni comprenderla en caso de que te la pudieran ofrecer? Con el nacimiento experimentas enormes desafíos para un cuerpo tan pequeño: te tienes que enfrentar al trabajo de respirar por ti mismo o de pedir comida cuando tienes hambre, en cuestión de segundos debes adaptarte a un nuevo entorno a la fuerza, despidiéndote para siempre del lugar seguro en el que te has desarrollado y crecido, y con el que has construido tu primer vínculo —posiblemente, tu vínculo más importante los primeros años de vida—. Estás elaborando tu primera pérdida. Quédate con esta idea: **no por ser el proceso más elemental, natural y básico de nuestra existencia humana es menos doloroso y frustrante, y no por ser doloroso y frustrante es menos elemental, natural y básico para nuestra existencia humana**. En torno a esta idea iremos construyendo las principales conclusiones del libro.

Tu nacimiento no solo supone un duelo para ti mismo, también para tu cuidador o cuidadores principales. No me referiré a ellos como tus padres porque no siempre son los padres, o no siempre un padre y una madre; hablaremos de cuidadores. Pues bien, para ellos supone una ruptura absoluta con su vida anterior. Probablemente, desde el momento en que naces, incluso desde un poco antes, sus vidas empiezan a girar en torno a ti: los planes, el tiempo, la rutina y casi cualquier decisión que se dispongan a tomar desde entonces estarán condicionados por tu existencia. Por tanto, los cuidadores han de despedirse de la vida que conocían porque no volverá a ser igual. Seguramente, la mayoría de los padres y madres que lean estas líneas estarán de acuerdo en que tener un hijo supone una de las formas más bestias de renunciar, pero no todo el mundo será consciente de la cantidad de implicaciones que tiene «despedirse de una vida» cuando el motivo no es la paternidad, sino una mudanza, una ruptura o un despido. No jugaremos a hacer comparaciones tramposas y exageradas. Desde luego, tener un hijo no supone lo mismo que cambiar de trabajo, pero hay algo de lo que no podemos huir: **los duelos están en todas partes, aunque tengan distintas formas y diferentes repercusiones.**

Un día leí una frase que decía algo así como que «crecer es aprender a despedirse» —no he logrado encontrar su autor original—. Me quedó grabada en la mente, como un mantra repetitivo y que cobra un significado enorme de la noche a la mañana. Fue casi como una epifanía, una luz que iluminaba el camino que da sentido a esto de habitar este mundo o una luz que permite entender mejor cómo funciona el hecho de vivir. Efectivamente, crecer es aprender a despedirse porque convivimos con la despedida constantemente.

Insisto en esta idea porque quiero que la integres muy bien, que empieces a identificar las despedidas en tu cotidianidad, todas las pérdidas a las que te enfrentas día a día, quiero que empieces a ver todo lo que se te escapa entre los dedos. Con este ejercicio no pretendo amargarte la existencia, atraparte en un sobreanálisis exagerado que te impida fluir u obligarte a vivir corriendo unos metros por delante del final inminente. Al contrario, deseo que puedas comenzar a relativizar las pérdidas, y entiendas que forman parte de tu proceso vital habitual y que las acojas como normales, naturales y necesarias en algunos casos. **Si asumes que estás expuesto a la despedida constante, la despedida pierde parte de su valor vulnerable; si la pérdida se integra en la vida como algo habitual, deja de ser extraordinaria y uno asume que puede afrontarla con mayor naturalidad.**

Aceptar que vivimos en una despedida constante implica aceptar que las pérdidas no son solo las muertes. **El duelo es un fenómeno psicológico amplio que acoge multitud de procesos relacionados con diferentes pérdidas, todas ellas relevantes para nuestro desarrollo vital**; sin embargo, la muerte es, posiblemente, la pérdida que mayor impacto genera en la vida de uno, pues su propia naturaleza es irrevocable y definitiva. Por eso, en este libro he dado un espacio singular a la muerte, para reflexionar sobre ella desde un enfoque distinto al que comúnmente le asociamos. Lo veremos más adelante.

Todas nuestras decisiones implican renuncias, y las tomas a cada rato. En este momento, te encuentras aquí, conmigo, leyendo mis palabras, y sigues haciéndolo con el paso de los minutos: eso es una decisión que te aleja de otras cosas, como cocinar, trabajar, salir a comer con algún ser querido, desconectar viendo una serie o dormir. Estás renunciando a un montón de cosas a cambio de sostener este libro entre tus manos —lo que me convierte a mí, además, en una persona muy afortunada. Muchas gracias, por cierto. Ahora no vale dejar la lectura, sigue un poco más—. En cada decisión nos despedimos de un montón de potenciales presentes y futuros, y justo esto nos permite, en definitiva, vivir, armar nuestro camino y construirnos un relato vital. El que sea; mejor o peor, más o menos acertado, pero nuestro sendero, al fin y al cabo.

## Duelo y vínculo

**Un duelo no depende tanto de la pérdida en sí, sino del vínculo que nos unía a lo perdido.** Por eso, cuando muere —por ejemplo— un personaje mediático, un famoso, una actriz o una escritora a la que idolatras, puedes sentir el dolor por su muerte casi tanto o más que por alguien de tu familia.

Si asumimos que los duelos solo cobran significado cuando perdemos algo importante en nuestras vidas, conviene preguntarnos qué vuelve algo suficientemente significativo. Todo el mundo parece entender la muerte de un ser querido como un profundo vacío en nuestras vidas; incluso una ruptura sentimental después de décadas de amor o un gran incendio en la casa en la que hemos crecido, por ejemplo. Pero un despido al poco de haber empezado un nuevo trabajo, un conflicto con una amistad querida, una mudanza o un casi algo que no llega a nada no ocupan, en el imaginario colectivo, el hondo agujero que pueden llegar a dejar en la vida de una persona. Y, de hacerlo, es solo porque se pone el foco en evaluar el calado de la pérdida, sus profundas consecuencias, y no lo que me une a ella. Te pongo un ejemplo para facilitar la comprensión.

Imagina que estás a punto de empezar un nuevo trabajo después de demasiado tiempo en paro. Has pasado meses y meses buscando un empleo que te permitiera pagar el alquiler mientras se te acababan todos tus ahorros. Tu excelente currículum no ha bastado, a pesar de los innumerables cursos, las dos carreras y el máster que, con tanto esfuerzo, has sacado adelante. Y, por fin, después de una búsqueda agotadora, una llamada ilumina la esperada posibilidad de salir adelante. Tras dos semanas en el nuevo trabajo, te comunican que no has superado el periodo de prueba y estás fuera. Seguro que comprendes lo dolorosa que puede llegar a ser para alguien una situación como esta. Cómo no va a serlo, si la llegada de este trabajo ha caído como agua de mayo en una vida desesperada y a punto de ser desahuciada del circuito social. Es decir: el calado de la pérdida la convierte en una pérdida profunda y suficientemente dolorosa como para ser entendida como un duelo…, ¿no?

Imagina ahora que estás a punto de empezar un nuevo trabajo después de haber terminado tu carrera. Todavía vives con tus padres, prácticamente no te ha dado tiempo a pensar qué querías hacer tras finalizar tus estudios, pero no te ha hecho falta porque ha llegado tu primera oportunidad laboral casi caída del cielo. Tu humilde currículum no ha impedido que llamaran a tu puerta, estar en el lugar y en el momento adecuados ha bastado para llamar la atención de la jefa de recursos humanos. Dos semanas después de haber empezado el trabajo, te comunican que no has superado el periodo de prueba y estás fuera. No parece que sea una gran pérdida, ¿no? No te ha supuesto ningún esfuerzo conseguirlo y tus padres pueden sostenerte económicamente. Además, tienes toda la vida por delante, desconoces el sabor del paro y podrías seguir estudiando antes de embarcarte en el mercado laboral. De hecho, inicialmente no planeabas trabajar, sino hacer un máster o algún curso. Pero… quizá esas dos semanas de trabajo hayan bastado para integrar emocionalmente un futuro anticipado que finalmente no se cumple y cuyo choque cognitivo sea tan brusco que lo convierta en una entidad con suficiente peso como para ser elaborado como un duelo.

Por eso, lo relevante de estas pérdidas no será únicamente su naturaleza, sino más bien la de tu vínculo con ellas.

## Validar el duelo

**Si no vives tu pérdida como un duelo, probablemente estés invalidando tu sufrimiento y experiencia emocional.** Invalidar un malestar significa negar o minimizar las emociones que se desprenden del duelo, decirnos a nosotros mismos «no es para tanto» o «deberíamos estar mejor», no permitirse sentir y experimentar esas emociones, intentar distraernos con el único objetivo de evitar sentir, juzgarnos por sentirnos tristes, enfadados o culpables, creer que nuestras emociones son incorrectas o que no son las esperadas, pensar que deberíamos ser más fuertes y, en definitiva, no aceptar la experiencia. **No te imaginas lo importante que es darse permiso para sentir aquello que nos toca sentir de cara a la recuperación.** Sobre todo, porque, de no hacerlo, el resultado es perverso y contraproducente: no buscamos el apoyo o la ayuda necesarios para acompañarnos en el dolor, nos aislamos de los demás porque creemos que nadie entenderá aquello que estamos pasando, sentimos vergüenza o culpa por ello y, en definitiva, vivimos haciendo como si nada hubiera pasado.

**La validación emocional es el ingrediente indispensable en cualquier proceso terapéutico**, que siempre está —o debería estar— presente y es capaz de promover cambios determinantes en la recuperación emocional en un proceso de duelo. De hecho, muchos de los pacientes que han pasado por mi consulta solo han necesitado darle espacio a su malestar, ponerle nombre y darse permiso para sentirlo. A veces, **la mera explicación sobre el sentido y la función de nuestras emociones, y el relato de lo que podemos esperar de ellas, es suficiente para reducir drásticamente el malestar** y poder sostenerlo solos, sin ayuda profesional.

Carlota, de veintiún años, es el nombre ficticio de una de las pacientes que ha pasado más brevemente por mi consulta. Estudiaba Magisterio y la unía un vínculo extraordinariamente especial con su tía Laura, también profesora. Eran prácticamente las mejores amigas y estudiaban juntas cada tarde. Carlota le reclamaba su ayuda y Laura se sentía útil.

Una de esas tardes, Laura se retrasó demasiado. Carlota se inquietó un poco, pero no quiso avisar a su padre para no preocupar a la familia. También descartó la idea de llamar a su tía, pues no quería distraerla si iba conduciendo. Un par de horas más tarde, un amigo de la familia llamó a Carlota: Laura había fallecido en un accidente de tráfico.

Carlota llegó a mi consulta seis meses después de la pérdida de Laura. Estaba tensa y algo bloqueada, se sentía incapaz de expresar sus emociones con claridad, aunque tenía muy identificada su demanda: el duelo por el fallecimiento de Laura. Me contó que, desde entonces, le era imposible sentarse a estudiar, que la culpabilidad era atronadora —ya que su tía murió yendo de camino a ayudarla a estudiar— y que, cuando regresaba a su pueblo, no podía entrar en casa sin que se le removiera todo.

En cuanto le expliqué a Carlota que el procesamiento emocional de una pérdida es absolutamente personal y que, en ocasiones, estas duelen para toda la vida, se rompió en pedazos. Al decirle que era normal que se sintiera culpable por la muerte de Laura, aunque eso no la hiciera responsable, lloró todo lo que no había llorado

## VIVIR: UNA DESPEDIDA CONSTANTE

hasta entonces. Se sintió comprendida, con derecho a hacerle un hueco a su duelo, entendió que no necesitaba sentir algo distinto a lo que sentía. Carlota se sintió validada en su dolor, y esta validación fue fundamental para su proceso de duelo.

Recuerdo recibirla dos semanas después. Venía renovada. Había superado el duelo por su tía Laura, había vuelto al pueblo y la había mencionado sin temor frente a sus padres y otros familiares. Lloraron todos juntos, rieron recordando algunas anécdotas, se abrazaron y se dieron afecto. En definitiva, se acompañaron en el dolor, que estaba presente aunque no lo mencionaran.

Validación, validación, validación. Una conciencia colectiva acerca de la importancia de la validación y la autovalidación emocional cambiaría nuestra percepción sobre las propias experiencias, y seguro que muchas de las personas que acuden a terapia psicológica dejarían de necesitarla.

Cuando hablo de permitirse el dolor, transitar el malestar y hacerles un hueco a las emociones desagradables, es muy habitual que encuentre alrededor mucho temor y reticencias a pasarlo mal. ¿Quién querría darle espacio a la tristeza, la angustia o la desesperanza? ¿Por qué tenemos que sentir todo eso? ¿Acaso es la condición necesaria para ser feliz? ¿Y si yo quiero ser feliz todo el tiempo, y eso pasa por no abrirle la puerta al malestar? Entiendo las resistencias, la aprensión a pasarlo mal, el recelo y la desconfianza que te pueden despertar estas palabras y la inquietud por tener que aceptar que la vida signifique dolor y sufrimiento. Pero, en realidad, no estoy diciendo nada de eso. **La vida es dolor y sufrimiento, sí, pero la vida también es todo lo contrario.** Habitar esta vida supone moverse en un espectro emocional amplísimo por el que transitamos sin parar, de un lado a otro. A veces, pegando saltos demasiado bruscos; otras veces, permaneciendo demasiado tiempo en uno u otro extremo; y, algunas otras, tan solo conociendo una parte de ese espectro. Permitirse vivir significa permitirse moverse en ese continuo emocional, aceptar que las reglas del juego nos obligan a exponernos completamente al espectro y sumergirse en un viaje que, a veces, nos pervierte y, otras, nos da calor.

# Sabes hacerlo

Compartiré contigo algo que quizá no esperes: sabes hacerlo. **Sabes sostener el dolor y transitar tus pérdidas, elaborar tus duelos y procesarlos, porque lo has hecho toda la vida.** Desde tu primer aliento, desde la primera vez que respiraste con tus propios pulmones y rozaste la piel de tu madre, desde el día en que llegaste a este mundo. Lo sabes hacer.

Cada experiencia de pérdida que atraviesas es un recordatorio de

## VIVIR: UNA DESPEDIDA CONSTANTE

tu capacidad innata para adaptarte y sanar. Desde el momento en que naciste, has navegado por un constante flujo de desafíos, cambios y pérdidas. **Ცada ruptura, cada despedida, cada desilusión ha sido una oportunidad para ser resiliente, para aprender a reconstruirte a ti mismo desde los escombros del dolor.**

Es fácil olvidar esta verdad fundamental en medio del torbellino del sufrimiento, donde las demandas y las expectativas pueden distraernos y distorsionar nuestra fortaleza. Pero en los momentos más oscuros, cuando el peso de la pérdida amenaza con aplastarnos, es crucial recordar que sabemos hacerlo, que estamos diseñados para ello y nuestra capacidad de sentir y sanar es lo que, en gran parte, nos define como especie. Estás equipado con una capacidad interior forjada a través de innumerables experiencias de pérdida y renacimiento, una capacidad interior que, a veces, necesitará el acompañamiento y ayuda de los demás, que puede seguir puliéndose y fortaleciéndose con el paso de las experiencias. **Cada lágrima derramada, cada suspiro de angustia son compartidos por todos aquellos que hemos caminado y caminamos este sendero junto a ti**, formando un tejido invisible de conexión y apoyo mutuo.

## El diario de duelo

Llegados a este punto, te propongo un ejercicio para que lo desarrolles a medida que vayas transitando tu duelo y leyendo el libro: el diario de duelo. Es una herramienta terapéutica diseñada para ayudarte a procesar y navegar a través de los pensamientos y emociones asociados a la pérdida, sea del tipo que sea. La idea es tener un soporte, preferiblemente en papel, en el que ir compartiendo contigo mismo tus sentimientos, preocupaciones y recuerdos, que te sirva como recurso de desahogo en tu duelo, como un espacio seguro para expresarte y reflexionar. No hay reglas, ni ninguna forma de hacerlo bien o mal: lo importante es que te expreses sin juicios.

Puedes empezar indicando la fecha en la que escribes, para registrar cronológicamente el proceso, y seguir con un espacio para expresar cómo te sientes, qué eventos o acontecimientos importantes han influido en tu estado emocional, qué recuerdas o qué piensas sobre tu pérdida, qué espacio está ocupando en tu día de hoy o cualquier reflexión que te permita plasmar sobre papel tus inquietudes.

¿Qué estás aprendiendo? ¿Qué te duele? ¿Qué crees que necesitas? ¿Cómo te hace sentir eso que sientes? ¿Qué necesitas decir? ¿Qué agradeces? ¿Qué maldices? ¿Qué le dirías a tu yo de ayer, al del pasado? ¿Y al de mañana?

## VIVIR: UNA DESPEDIDA CONSTANTE

> Lo interesante de esta tarea es que te permitirá expresar y procesar tus emociones de una forma más depurada, te ayudará a identificar patrones de pensamiento o emocionales útiles para el trabajo terapéutico, te proporcionará una manera tangible de comprobar el progreso y una estrategia saludable y —por qué no decirlo— bonita para conectar con la pérdida.

## Capítulo 2
# QUÉ ES EL DUELO

¿Por qué sigo triste, a pesar del tiempo transcurrido? ¿Es esta emoción el fracaso de un proceso que no he completado? ¿Hay algo malo en mí que me impide continuar con mi vida a pesar de que el resto del mundo siga girando? ¿Necesito ayuda? Si este es un proceso natural y saludable, ¿por qué no tengo fuerzas para seguir viviendo? ¿Debo pedir cita con un profesional? ¿Cómo diferencio el duelo saludable del que no lo es?

Estas son preguntas que, en ocasiones, resultan difíciles de contestar, porque lo cierto es que el duelo no sigue un calendario establecido ni respeta las normas sociales. **Cada uno experimenta el dolor de una manera única** y, aunque podemos ayudarnos de algunas bases teóricas que nos permiten encapsular y contextualizar ciertas cuestiones emocionales, así como predecir y tratar los problemas psicológicos, no tiene sentido hacerlo disociándose de la historia particular de uno mismo, de las necesidades personales y de la propia forma singular de vivir y habitar el malestar.

**Tu duelo es válido.** Da igual lo que hayas escuchado hasta ahora y que a los demás les cueste entender tu dolor y sufrimiento por esa pérdida o ese cambio que llevas a tus espaldas. Tu duelo es válido. Sentirlo ya es suficiente para que sea real, para darle un espacio y atenderlo, y para que el resto de las personas lo respetemos. Tu duelo es válido a pesar del tiempo que haya pasado o de la expectativa que los demás tengan sobre tu proceso. Es válido incluso si has conectado con él «demasiado tarde», a pesar de que no lo entiendas o socialmente no parezca aceptado. Eres bienvenido y bienvenida sientas lo que sientas, sientas como sientas, y lo sientas desde cuando lo sientas.

Vivimos en un sistema imposible que nos limita y condiciona en la manera en que debemos recuperarnos o superar las pérdidas, que nos obliga a que este proceso se dé en un espacio de tiempo determinado y de una forma precisa. Nos empuja a mostrar una fortaleza inquebrantable frente al dolor, inquebrantable y antinatural. Vivimos en un sistema imposible que nos dirige hacia la productividad tóxica sin dejar espacio a la pausa o la reflexión, y mucho menos a la vulnerabilidad. Es decir, sin dejar espacio para lo humano.

En este mundo frenético, la tristeza se percibe como una debilidad, un obstáculo en el camino hacia el cumplimiento de nuestras metas y aspiraciones. Se nos enseña a reprimir las emociones, a esconder el dolor detrás de una máscara artificial. En definitiva, **se nos enseña a no ser.** Todavía en muchos espacios —y en unos cuantos foros— el duelo es sinónimo de tabú, donde se espera que el tiempo actúe como un antídoto suficiente para curar y sanar el sufrimiento, lo que conduce a experimentar emociones relacionadas con la culpa.

Entendamos, entonces, qué es el duelo exactamente y qué conlleva en la vida de una persona que transita una pérdida.

## Duelo y control

El duelo **es un proceso natural de adaptación a la nueva realidad**, pero se vuelve disfuncional cuando aparece transversalmente y con ímpetu nuestra necesidad de control.

En nuestra complejidad como seres humanos operan una multitud de entresijos multifactoriales en un engranaje casi perfecto que nos permite funcionar y sobrevivir al contexto. Pero en nuestra profundidad más primitiva existe una fuerza motivadora, poderosa, omnipotente y omnipresente, vinculada al control. El deseo de control nace de nuestra necesidad innata de reducir la incertidumbre y mitigar el miedo frente a lo desconocido. Nos esforzamos por mantener un sentido de orden y previsibilidad en nuestras vidas porque nos proporciona una sensación de seguridad y estabilidad en un mundo que, en realidad, es desordenado y amenazante. Es decir, **tenemos la necesidad de manejar un timón artificial en mitad del caos solo para reducir la sensación de caos**. Somos tremendos.

## HAZLE UN HUECO AL DUELO

Puedes hallar ejemplos de esto en un montón de aspectos relacionados con la cotidianidad: desde planificar las pequeñeces de la rutina hasta construir y establecer metas a largo plazo. El objetivo no es otro que influir en el entorno y en nosotros mismos para creer —o hacernos creer— que los resultados obtenidos han sido consecuencia de nuestra manipulación. Tal necesidad de control también se refleja en las relaciones interpersonales, donde buscamos roles claros y expectativas definidas para evitar conflictos y mantener el equilibrio emocional.

Sin embargo, no es ningún secreto que el deseo o necesidad de control puede volverse problemática al convertirse en una obsesión o fuente de ansiedad excesiva. Reconocer y aceptar la inevitabilidad de la incertidumbre y el cambio es muy liberador, pero también un objetivo algo utópico. Racionalmente podemos intelectualizar que las circunstancias cambian, que la flexibilidad nos permite movernos por la vida con margen para la adaptación y que lo imprevisible también forma parte de nuestra naturaleza, pero **estamos diseñados para tratar de capar la incertidumbre porque nuestro procesamiento cognitivo es incapaz de sostenerla**. Por lo tanto, resulta muy difícil interiorizar la idea de no poder ejercer control, o todo el control, sobre las circunstancias.

Elena, una mujer de treinta y cinco años, llegó a mi consulta buscando ayuda para lidiar con su ansiedad. Tras la primera cita, concluimos que su vida estaba marcada por un deseo de controlar cada aspecto de su entorno y de sí misma. Si no era así, sentía un desasosiego y frus-

## QUÉ ES EL DUELO

tración muy incapacitantes. Desde pequeña se sentía abrumada por la incertidumbre, en una infancia caótica y un ambiente hostil.

Tras la evaluación inicial, le dije a Elena que creía que, para compensar la falta de estabilidad durante la primera mitad de su vida, había desarrollado el fuerte impulso de controlar todo aquello que pudiera alrededor: organizaba meticulosamente su rutina diaria, planificaba cada detalle de su vida y construía expectativas rígidas, para sí misma y para los demás.

Durante el proceso terapéutico, Elena comenzó a explorar las raíces de su necesidad de control y a cuestionar la validez de sus creencias sobre la incertidumbre. Aprendió a identificar sus pensamientos automáticos y a desafiarlos desde una perspectiva más realista y compasiva consigo misma, con su modo de gestionar las responsabilidades, los compromisos y sus relaciones. Trabajamos en la modificación de sus creencias autoexigentes sobre su necesidad, en definitiva, de ser perfecta. Sin embargo, aunque logró intelectualizar que esta era una parte inevitable de la experiencia humana, su «tendencia controladora», como ella misma la denominaba, no la dejaba descansar del todo.

Le devolví todos sus logros durante los meses en que trabajamos juntos y le expliqué —tal como hice al principio de nuestros encuentros— que el objetivo no era tanto liberarse por completo de la necesidad de control, sino aprender a sostener esa necesidad y confiar en su capacidad para adaptarse a las circunstancias cambiantes. La aceptación le permitió, en última instancia, consolidar su tolerancia a la incertidumbre.

## Huérfanos ante la pérdida

Toda esa vorágine de emociones, que a veces parece muy desadaptativa y que nos abruma nada más asomarnos a ella, que llega como una oleada feroz, nos arrasa y nos deja tiritando y creyendo que nunca más volveremos a sentir emociones agradables, es muy necesaria para seguir adelante. **El duelo es la elaboración de la pérdida, es todo lo que necesitamos sentir y experimentar a nivel psicológico, emocional y conductual para integrar y entender la pérdida.** Es un conjunto de síntomas y emociones que nos permiten entender qué ha sucedido y qué implica lo sucedido. Es un proceso completo de elaboración y comprensión que inunda casi cualquier dimensión de nuestra vida, porque todas las pérdidas que elaboramos como duelos tienen, comúnmente, un impacto impetuoso.

Por supuesto, no pretendo con estas palabras romantizar el malestar, normativizar circunstancias que sobrepasan el límite de lo patológico ni asegurar que el dolor es lo único que define al duelo. Sin embargo, sin ese repertorio emocional, sería muy complicado entender e integrar lo huérfanos que, en algunos sentidos, nos dejan las pérdidas. Es tan sencillo como imaginar que, si mañana muriera nuestro mejor amigo, reaccionar con calma, alegría, felicidad o sosiego nos impediría asimilar el impacto de su muerte en nuestra vida. La pena, la tristeza y el dolor nos dan buena cuenta de lo que supone perder a un amigo: no poder contar con él, echarlo en falta en momentos importantes, sentirnos expuestos o vulnerables, recordarnos que la vida acaba… **Las emociones son el lenguaje que nos permite transitar nuestra propia realidad**, son reacciones que nos explican qué sucede alrededor, si lo que ocurre es bueno o malo, emocionante o peligroso. Atenderlas nos da muchas pistas sobre lo que significa para nosotros aquello que estamos viviendo, por eso es tan importante dejarse sentir, porque da un sentido de coherencia a las circunstancias que experimentamos. En condiciones normales sientes lo que te corresponde sentir, ni más ni menos, aunque eso pueda resultar muy desagradable.

Como decía, el duelo no solo es un proceso que se experimenta tras el fallecimiento de un ser amado, sino que puede producirse tras diferentes sucesos y depende más bien de nuestro vínculo con lo perdido. Es un fenómeno que abarca una variedad de experiencias y emociones, y su alcance es mucho más amplio de lo que solemos prever. De hecho, estoy convencido de que, a partir de ahora, comprobarás que el duelo está en todas partes, tiene muchas formas y ocupa muchos lugares. Comenzarás a verlo en ti y en los demás, a tu alrededor, y dentro de casa; incluso, podrás predecirlo antes de que ocurra. Cuando conozcas el verdadero significado del duelo y todos sus tentáculos, entenderás que es un proceso humano del que ni puedes ni necesitas escapar, que está presente en numerosos aspectos de tu existencia y comienza a revelarse en tu día a día. Notarás sus sutiles indicios en tus propias emociones y conductas, incluso en los rincones más íntimos de tus afectos y vínculos. Serás capaz de reconocer los signos y señales que indican la presencia inminente del duelo, permitiéndote prepararte mental y emocionalmente para su llegada, integrándolo como un aspecto esencial de la condición humana. El objetivo no es más que darle al duelo el espacio que debe ocupar, hacerle un hueco al dolor para que no moleste demasiado. **Si sé que el duelo está en todas partes, lo integraré como una forma natural de experimentar y elaborar mis pérdidas.**

Y, aun así, es muy posible que siga doliendo de igual o casi idéntica forma. Cuando llega un paciente a consulta refiriendo un duelo de cualquier naturaleza, siempre le digo que mi objetivo con él o ella no pasa por hacer que deje de doler. «**No quiero que deje de dolerte, quiero que aprendas a saber qué hacer con ese dolor, a manejarlo y sostenerlo, que aprendas a hacerle un hueco**», intento transmitir. Incluso si te parece un dolor exagerado, una desolación demasiado profunda o una pérdida no tan significativa como para desgarrarte, es importante darle el espacio que está reclamando.

QUÉ ES EL DUELO

# Los distintos duelos

Me gustaría hablarte de algunos de los duelos por los que has podido o puedes llegar a transitar en algún momento de tu vida, para que sepas identificarlos y elaborarlos de forma saludable. Porque no podemos gestionar un proceso psicológico como este si no le damos la entidad y el sentido que tienen en nuestro repertorio conductual, no podemos transitarlo ni integrarlo si obviamos que es un duelo, si le damos la espalda a la realidad vivida.

**Fallecimiento**
El duelo por excelencia, el que acude a la mente cuando hablamos de este fenómeno psicológico, es el duelo por fallecimiento, la muerte y todo lo que la rodea. El duelo por la muerte de un ser querido es uno de los más intensos y dolorosos que se pueden experimentar. Se da, obviamente, cuando alguien cercano fallece, ya sea un familiar, un amigo íntimo o una mascota. De hecho, el duelo por la pérdida de una mascota es uno de los más invalidados a nivel social y cultural, pese a la huella tan significativa que dejan los animales en nuestras vidas. Como hemos visto, el duelo depende de nuestro vínculo por lo perdido, así que es lógico y natural sufrir un profundo dolor por la pérdida de una mascota. El duelo por fallecimiento puede desencadenar una amplia gama de emociones, desde el dolor y la tristeza hasta la ira, la culpa y la confusión. Este proceso de duelo puede ser largo y complejo, porque es irreversible y, a veces, en circunstancias

traumáticas o inesperadas. De hecho, estos son algunos de los factores que jugarán un papel fundamental en la elaboración de la pérdida, así como la relación que se tenía con la persona o el animal fallecido, la personalidad, la red de apoyo que tengamos o nuestra relación con la muerte y su significado.

**Ruptura**
El duelo por ruptura sentimental es otro tipo de duelo emocionalmente intenso. Se experimenta cuando una relación romántica llega a su fin, e implica sentimientos de pérdida, soledad, rechazo y fracaso. Dejar de convivir o de tener contacto con alguien a quien amas o has amado, dejar de saber de él o ella y de poder amarlo, y que solo quede la posibilidad de seguir amando el recuerdo, se puede sentir como si la persona amada hubiera muerto. El otro o una parte de ti. Y, a veces, genera mucha más frustración que la propia muerte, porque esta no es irreversible, porque uno termina creyendo que solo depende de la voluntad la posibilidad de reconstruir el vínculo. Las rupturas sentimentales se pueden dar en distintos términos y bajo diversas condiciones. Todas son diferentes, pero su sanación requiere casi siempre fracturar el flujo de la comunicación y el contacto, y para ello hace falta, a veces, un esfuerzo sobrehumano y activo. Esta es la parte más complicada del duelo sentimental. Cuando alguien muere, la vida ya se encarga de romper el hilo físico existente entre tú y la persona que fallece, pero cuando tu pareja corta contigo, un mundo de posibilidades te permite mantenerte vinculado a ella de una u otra forma.

# QUÉ ES EL DUELO

**Pérdida de un amigo**
En la misma línea se suele dar el duelo por la pérdida de una amistad cercana o íntima. Uno entiende que las rupturas sentimentales pueden ser dolorosas, traumáticas, conflictivas…, pero no son silenciosas o invisibles. Las de las amistades, a menudo sí. A veces ocurren sin que ninguna de las partes lo previera, los vínculos se distancian o las relaciones se enfrían. Las circunstancias personales, las mudanzas, los trabajos o la familia nos separan de quienes amamos y, cuando nos queremos dar cuenta, no tenemos capacidad de reacción. Al suceder de una forma etérea y sutil, es muy común que quienes sufren el duelo por la ruptura de una amistad invaliden su propio malestar, pues son incapaces de asociarlo directamente a la pérdida del vínculo, y además socialmente tampoco se considera una ruptura suficientemente dolorosa como para darle una entidad psicológica similar o paralela al duelo por fallecimiento. Pero, inevitablemente, despedirnos de una amistad conlleva un proceso psicológico de adaptación a la pérdida que debemos enfrentar, de una u otra forma, con más o menos dolor y con mayores o menores implicaciones. Las sensaciones más comunes son de cierto vacío y nostalgia por la relación perdida y, en algunas ocasiones, de temor, rencor o enfado si la ruptura se ha producido en términos de conflicto.

**Pérdida laboral**
Ser despedido, renunciar a un trabajo, hacer un cambio laboral o jubilarse conlleva un proceso de despedida e integración de la ausencia y

del cambio de circunstancias que también conforma un duelo. La pérdida de un empleo, independientemente de sus circunstancias, puede desencadenar una serie de emociones difíciles de procesar, como ansiedad, miedo al futuro, frustración o ira; además, dispara directamente contra la autoestima y la identidad de una persona. Quizá pienses que un episodio así no tiene tanto calado en la vida de una persona como una ruptura sentimental o la muerte de un perrito, por ejemplo, pero piensa que el trabajo es —por desgracia— una parte central de la vida de las personas y de nuestra autoimagen. Nos definimos con base en él —«Hola, soy Dany, psicólogo»— y de él depende mayoritariamente nuestra subsistencia. El duelo laboral está muy invisibilizado, y a la pérdida hay que sumarle las posibles dificultades emocionales y materiales como consecuencia de ese cambio vital. Por otro lado, la jubilación se ha posicionado como uno de los principales estímulos estresores de los adultos mayores, un disparador de multitud de problemas psicológicos relacionados con la ansiedad, la depresión y otros trastornos del ánimo, así como drogodependencias y distintas adicciones.

**Pérdida de salud**

Un problema de salud es, en última instancia, la pérdida de un estado de bienestar y de todas las expectativas que teníamos antes de experimentar la afección; por tanto, un duelo. Se atraviesa cuando enfrentamos cambios significativos de salud, quizá permanentes, y que se traducen en la constatación de una realidad diferente a la anterior. Por tanto, ese ajuste de nuestras posibilidades conlleva, obligatoriamente, un ajuste emocional y un esfuerzo en diferentes sentidos. Como en otros duelos, hay sentimientos de tristeza, frustración, incertidumbre o culpa y un ajuste necesario de la nueva identidad: posiblemente una identidad que se desenvuelve con menor autonomía, independencia o mayores dificultades. Porque, sí, somos también nuestra salud. Es un duelo particular en el que probablemente debamos renunciar a sueños y aspiraciones incompatibles con el nuevo estado de salud, así como a las expectativas propias y ajenas sobre nuestras posibilidades.

**Cambio de lugar**
Aunque una mudanza, un cambio de ciudad o país puede ser una experiencia emocionante y llena de oportunidades, también es capaz de provocar sentimientos de pérdida, nostalgia y ansiedad por dejar atrás lo conocido. Nos encanta sentir que tenemos el control de lo que nos pasa y hacemos, decimos y vivimos. Y cambiar de residencia requiere un esfuerzo enorme por soltar el control del que hemos gozado hasta entonces. Ni que decir tiene si el cambio o la mudanza es a la fuerza, inesperada o en circunstancias tan desagradables como un desahucio o un incendio. Perder o abandonar tu vivienda, el refugio que te ha sostenido y protegido durante un tiempo —a veces, toda una vida—, no solo es todo un desafío por dejar atrás lugares y objetos vinculados a muchísimas experiencias y emociones, sino por despedirnos y alejarnos de nuestros seres queridos y por el cambio de hábitos y renuncias que ello conlleva. A diferencia de los duelos ya mencionados, en una mudanza uno se ve forzado a sustituir la ausencia. Cuando muere una madre,

ni quieres ni debes ni necesitas que nadie ocupe su espacio. Cuando rompes con una pareja, no requieres necesariamente vincularte con otra persona de inmediato. Cuando abandonas un trabajo, quizá lo hagas porque necesitas un respiro, porque quieres viajar o, simplemente, te lo puedes permitir. Pero, cuando cambias de residencia, obligatoriamente necesitas ocupar otra vivienda, y posiblemente, vivir en otro barrio o con otros vecinos. El ajuste de la pérdida y la costumbre de la ausencia se solapan con todo un proceso de adaptación a la nueva realidad que también tiene su enjundia. El lugar en el que vives también define quién eres. Te puedes presentar a cualquiera mencionando tu barrio o la ciudad en la que duermes cada noche y, de inmediato, la otra persona inferirá una serie de datos y conclusiones irremediables. Por tanto, la identidad juega un papel fundamental en los duelos migratorios. De hecho, es muy común que quienes abandonan su lugar de nacimiento durante un tiempo y luego regresan sientan que parte de su identidad se ha perdido para siempre y les cueste definir quiénes son, convirtiéndose, en definitiva, en una mezcla que bebe de distintos lugares.

**Pérdida de objetivos**

La renuncia a sueños o la pérdida de aspiraciones implican tomar conciencia de que las metas por las que hemos luchado durante un periodo de tiempo considerable, o los sueños que hemos construido en los últimos años, se han vuelto inalcanzables. Este duelo, como los otros, conlleva la elaboración de una pérdida frustrante y genera una considerable cantidad de malestar y temor hacia el futuro. Renunciar a nuestras aspiraciones debido a la falta de posibilidades o recursos demanda un esfuerzo significativo para desprendernos de aquello que nos mantuvo ilusionados, en ocasiones, durante periodos prolongados; aquello que impulsaba nuestras decisiones y que, en gran medida, nos define. Es uno de los duelos más invisibilizados con los que podemos encontrarnos en el transcurso de la vida, ya que comúnmente se considera fácil adaptarse y recuperarse de una renuncia de tal naturaleza. La renuncia a sueños y aspiraciones puede generar un profundo sentimiento de pérdida de identidad y propósito, ya que estos objetivos suelen ir estrechamente ligados a nuestra autoimagen y sentido de valía personal. El proceso de adaptación a las nuevas circunstancias es un proceso de ajuste emocional, durante el cual enfrentamos sentimientos que podemos encontrar en cualquier otro tipo de duelo, como la tristeza, la desilusión y la ansiedad por el futuro.

**Pérdida gestacional**
El duelo gestacional se experimenta cuando se sufre la pérdida de un bebé durante el embarazo, el parto o poco después del nacimiento. He querido recogerlo aquí con especial atención porque es uno de los duelos más invalidados a los que se pueden enfrentar unos padres. Se trata, en última instancia, de la pérdida de un hijo, con la que todos parece que podemos empatizar en mayor o menor medida cuando este ya ha nacido o tiene varios meses de vida. Sin embargo, al ocurrir antes o justo después del nacimiento, en muchas ocasiones no se considera como un hijo, con todo lo que esto acarrea a nivel social, laboral,

institucional y burocrático. Quizá es uno de los ejemplos en los que más claro se identifica la necesidad de reajustar las expectativas, pues no se vive tan solo la pérdida de un hijo, sino también la de toda una vida, su vida, con la que se ha soñado durante, al menos, nueve meses. Y, a veces, implica incluso el abandono de la posibilidad de tener hijos. Este es uno de los duelos más dolorosos y traumáticos, porque, posiblemente, esta pérdida sea de las menos previsibles. No porque ocurra en pocas ocasiones, sino por estar tan invisibilizada y silenciada. La ignorancia asociada la convierte en un duelo no reconocido, quizá porque tendemos a no hablar de lo que nos resulta desagradable, quizá porque creemos que, al negarle el espacio a ciertos duelos, esto hace que duelan menos. Pero esta ausencia de foco se traduce en una ausencia de apoyo, en un duelo aún más difícil porque se vive en solitario, un duelo que las instituciones no prevén y que margina a las madres y los padres en duelo gestacional. No son pocas las madres que, en los últimos años, se han organizado para visibilizar estas pérdidas y darles el lugar que merecen: son madres que pierden a sus hijos, madres que paren y no tienen baja de maternidad, madres a las que se anima a seguir intentando ser madres, como si pudieran sustituir a un hijo muerto por otro.

Estos son solo algunos ejemplos de ausencias y pérdidas que se elaboran y canalizan a través de diferentes procesos de duelo. Como ves, cada experiencia de pérdida es única y subjetiva, pero todas desencadenan sentimientos y emociones parecidos, aunque en diferente medida. **Es normal que asociemos el duelo a la muerte, porque casi todos se parecen en algo al duelo por fallecimiento, todos tienen similitudes con su referente por antonomasia.** Y que lo sientas así no es una mala noticia ni una exageración. Sí, separarte de un buen amigo a veces se siente como si hubiera fallecido. Sí, romper una relación sentimental a veces se siente como si estuvieras matando a alguien. Sí, viajar sin billete de vuelta a veces se siente como si dejaras morir allí, en el lugar de origen, a una parte de ti que no regresará jamás. Y, en realidad, no importa si es del todo cierto o no, si así se siente. **Es real para ti, y eso es suficiente.** Por tanto, validar y honrar los propios sentimientos, sin importar cómo contrastan con las experiencias de los demás, es posiblemente, para mí, la principal necesidad por satisfacer en un proceso de duelo.

Si no lo hacemos, desde luego el duelo nos lo vamos a comer igual, pero de una forma mucho más desadaptativa y disfuncional, retrasando la recuperación y arrinconando el malestar en un lugar que, seguro, nos acaba desbordando con el paso del tiempo.

## El duelo anticipado

No siempre las pérdidas son imprevisibles e inesperadas. De las experiencias que te he mencionado antes —y de las demás que llegues a imaginar—, algunas pueden empezar a elaborarse mucho antes de que se materialicen. Por ejemplo, la muerte de un familiar es previsible cuando tiene una edad muy avanzada o una enfermedad terminal, un divorcio podría empezar a gestarse meses o incluso años antes de producirse, una mudanza tal vez se prepare con anterioridad y un despido se puede —y se debe— anunciar con suficiente tiempo. Todas estas pérdidas conforman lo que conocemos como duelo anticipado.

El duelo anticipado es un proceso emocional que ocurre antes de que se produzca la pérdida real, y es un proceso natural y adaptativo porque nos permite, de algún modo, prepararnos para lo que estamos a punto de vivir. Esta anticipación desencadena una serie de reacciones emocionales, similares a las experimentadas durante el duelo «tradicional» pero con el añadido de la incertidumbre y preocupación sobre lo que está por venir. Podemos prever lo que sucederá, pero es difícil integrarlo y aceptarlo mientras no ocurre, mientras no puedo tocarlo con las manos.

Una de las características clave del duelo anticipado es la ambivalencia emocional. Por un lado, la persona puede experimentar una sensación de anticipación o alivio al prepararse mentalmente para la pérdida inminente, especialmente si conlleva algún tipo de liberación —como al acompañar en una enfermedad muy dura o protagonizar una experiencia laboral desagradable—. Pero, al mismo tiempo, la tristeza profunda, la ansiedad y el miedo ante la idea que se dibuja con la pérdida conviven con las demás emociones, y hacen de la experiencia un camino aún más confuso e inquietante. A ello se le añade la culpa por el alivio, el arrepentimiento por no poder evitarlo, la angustia por el peso de la situación o la preocupación por la incertidumbre acerca de cómo manejaré la pérdida cuando sea irremediable.

El duelo puede ser una experiencia áspera que, aun con todo, nos permite acercarnos a algunas posibilidades agradables. La oportunidad que nos concede el duelo anticipado es la preparación para el final, el proceso de despedida, gestionar cuentas pendientes, resolver asuntos que deben cerrarse junto con la pérdida... Toda una amalgama de posibilidades que hacen más amable un proceso difícil de asumir. Pero también tiene sus trampas, porque quizá creamos que, al empezar a transitarlo con anterioridad, pueda resultar más fácil o llevadero, o incluso terminar más pronto. No tiene por qué. **El duelo se toma los tiempos que considera, se esfuerza en hacerte sentir aquello que necesitas para integrar lo sucedido, antes o después, pero lo hace obviando cuestiones teóricas y terminología clínica.**

## Cuando el duelo se complica

De hecho, cuando refutamos la posibilidad de integrar la pérdida desde una perspectiva más acogedora, ya sea por voluntad propia o bien por falta de recursos emocionales y cognitivos, corremos el riesgo de experimentar unos formatos de duelo que adoptan diferentes etiquetas:

- **Duelo sin resolver:** las emociones desagradables son demasiado intensas, incapacitantes y perduran de manera indefinida.
- **Duelo crónico:** una tristeza persistente nos impide adaptarnos a la nueva realidad.
- **Duelo ausente:** negamos la pérdida y nos comportamos como si no hubiera ocurrido. Puede ser un mecanismo de defensa interesante y adaptativo a corto plazo, pero no a medio y largo plazo.
- **Duelo retardado:** lo experimentamos tiempo después, incluso años.
- **Duelo inhibido:** tenemos dificultades para expresar y sostener las emociones asociadas.
- **Duelo desautorizado o invisible:** no nos sentimos con derecho a transitarlo, muy típico de experiencias como las del duelo gestacional.
- **Duelo enmascarado:** atribuimos la sintomatología del duelo a causas ajenas a la pérdida.

Nunca me gusta hablar en «términos patológicos», y mucho menos en referencia al duelo. Ahora ya sabes que es un proceso de adaptación natural. Pero lo cierto es que estas variantes del duelo «tradicional» pueden causar un malestar demasiado intenso y difícil de manejar, por lo que la intervención terapéutica en estos casos es del todo recomendable.

QUÉ ES EL DUELO

# El mito del «duelo cronificado»

Es importante comprender que el duelo no sigue un curso lineal ni predecible, sino que puede manifestarse de diversas formas a lo largo del tiempo. Algunas personas experimentan periodos de intensa tristeza y dolor, seguidos de momentos de aceptación y adaptación, mientras que otras fluctúan en su estado emocional a lo largo de meses, incluso años. En última instancia, la duración del duelo es única para cada individuo y quizá no tenga un final claro y definitivo. **En lugar de considerar el duelo como un proceso con un principio y un fin claramente definidos, es más útil concebirlo como una experiencia en evolución que requiere tiempo, paciencia y apoyo para ser procesada y asimilada completamente.**

El término «duelo patológico» o «duelo cronificado» se utiliza para describir situaciones en las que el proceso de duelo se prolonga más allá de lo considerado típico o esperado en términos de duración y gravedad. Sin embargo, estas etiquetas pueden resultar problemáticas por varias razones. Para empezar, **un duelo considerado como prolongado para una persona puede ser una experiencia completamente normal para otra**, dependiendo de una variedad de factores personales y contextuales. Además, este tipo de ideas sugiere la existencia de una norma o estándar específico de adaptación al duelo, lo cual no es cierto. En realidad, el duelo se manifiesta de muchas formas diferentes y no hay una única manera «correcta» de atravesarlo. Además, la idea de que el duelo puede cronificarse sugiere que hay un punto en el tiempo en que el duelo debería haber terminado, lo cual no refleja la complejidad y naturaleza individualizada del proceso. **Etiquetar el duelo como cronificado puede llevar a una patologización e incluso medicalización innecesaria de un proceso emocional natural, saludable y necesario.**

Tales diferencias son solo algunas generalidades que nos ayudan a discernir entre uno y otro malestar, pero sería absurdo tomarlos al pie de la letra o ser demasiado categóricos. Si te has sentido identificado o identificada en algún sentido con algunas de las descripciones anteriores, que te sirva únicamente para seguir mirando hacia dentro, para continuar el ejercicio de la introspección, explorando todo lo que sientes dentro de ti. Y, en caso de que te genere un malestar incapacitante, busca ayuda profesional para someterte a una evaluación técnica y que se precise con más exactitud tu tipo de malestar.

## QUÉ ES EL DUELO

# Acompañar en el duelo: qué decir y qué no decir

| QUÉ DECIR | QUÉ NO DECIR |
|---|---|
| ¿Te gustaría hablar sobre lo que sientes? | Sé exactamente cómo te sientes. |
| Es normal sentir eso, es un momento muy difícil. | Todo pasa por algo. |
| ¿Qué necesitas? | Hay cosas peores. |
| Puedo escucharte, entretenerte o simplemente estar contigo si lo necesitas. | Él/ella querría que estuvieras bien. |
| Tu dolor es válido, tómate el tiempo que necesites. | No merece la pena estar así. |
| Un día más es un día menos para la recuperación. | Deberías estar fuerte para ti y los demás. |
| Lo siento mucho, estoy aquí para ti. | No pasa nada. |
| ¿Qué crees que te ayudaría en este momento? ¿Cómo puedo ayudarte mejor? | Al menos tienes a… |
| No tienes por qué pasar por esto solo/a, puedes contar conmigo. | Yo no podría soportarlo. |
| No hay una forma correcta de sentir el dolor. | Tienes que seguir adelante. |
| ¿Te gustaría hablar con alguien que te pudiera ayudar? | Necesitas ir a terapia. |

Capítulo 3
# LOS TIEMPOS DEL DUELO

Habrás escuchado en más de una ocasión esa idea tan trillada de que el tiempo todo lo cura. No es cierto. **El tiempo no sana nuestras heridas, es solo el medio que permite que sucedan otras cosas que son las que sanan nuestras heridas.** Lo que curan son los procesos emocionales por los que debemos transitar para liberarnos o calmar el malestar. Y, para que los procesos se desenvuelvan, necesitamos tiempo, claro.

Los tiempos del duelo son casi un oxímoron, una paradoja, al tratar de conceptualizar un proceso emocional único y personal en una estructura temporal con una cronología imprevisible y, a veces, indefinida. Por eso, hoy, las fases del duelo son a veces cuestionadas y revisadas para adaptarlas a la experiencia real de la pérdida.

HAZLE UN HUECO AL DUELO

# Las supuestas fases del duelo

Seguro que casi todo lo que sabías del duelo antes de empezar a leer tenía algo que ver, en parte, con las famosas y temidas fases, las etapas por las que todos «debemos» pasar durante el duelo. Diría que ese sendero dividido en cinco pasos se ha popularizado, en gran parte, gracias al cine. Si le sumas el hecho de que procesamos y manejamos mejor la información compartimentada, tenemos el combo perfecto para encajar y recordar las fases como elementos cruciales e inevitables de este fenómeno psicológico. Pero la realidad es más diversa, fluctuante y volátil que un camino de cinco pasos, no tan rígida ni secuencial como se podía esperar. De hecho, entender el duelo como un sendero de una única dirección ha sido, durante décadas, una interpretación equivocada por parte de la comunidad científica de la propuesta de la psiquiatra Elisabeth Kübler-Ross. Sí, es imposible hablar del duelo sin hacer referencia a Kübler-Ross.

En los años sesenta del siglo xx, esta médica especialista en psiquiatría realizaba un estudio sobre cómo las personas diagnosticadas de enfermedades terminales y sus familias se enfrentaban a la expectativa de la muerte, y rápidamente observó que todas ellas compartían algunas similitudes, no solo en la forma de procesar emocional y cognitivamente lo que pronto sucedería, sino en el itinerario ordenado que recorrían hacia la aceptación. Curiosamente, las etapas del duelo descritas por Kübler-Ross eran las que detectó en un proceso de duelo anticipado. Basándose en sus observaciones, la psiquiatra propuso una división del duelo en cinco etapas; sin embargo, cabe destacar que ella nunca pretendió que este modelo se adoptara con tanta rigidez. De hecho, **ella misma mencionó en varias ocasiones que las etapas descritas no siempre se presentaban y, en tal caso, no siempre en el mismo orden, ni compartían duración, intensidad o formato en todas las personas por igual.** A pesar de sus advertencias, el modelo de las cinco etapas se ha interpretado a menudo como una descripción universal del duelo. Por desgracia, ha tenido consecuencias negativas, como transmitir la idea equivocada de estar viviendo el duelo de una forma errónea si no se experimenta según las etapas clásicas en el orden establecido.

Aun así, es útil compartir con las personas dolientes una descripción valiosa basada en una observación clínica —que no en una teoría científica— sobre cómo podemos procesar una pérdida. Aun a riesgo de idealizar un proceso variable, individual y subjetivo, al mismo tiempo **hablar de las fases nos permite desmitificar el duelo y construir un marco para comprender nuestras emociones**. Así que, con dicho propósito, intentaremos entender brevemente en qué consisten estas supuestas cinco fases que probablemente los dolientes transitarán en su propio proceso:

### Negación

Funcionaría como la primera reacción ante la pérdida. Es un choque contra la expectativa que nos impide interiorizar lo ocurrido. No es que «neguemos» la realidad de lo sucedido, sino que nos protegemos del dolor buscando refugio en la incredulidad. Esta fase puede durar desde unos minutos hasta semanas o incluso meses. Podemos experimentar una incapacidad para aceptar la realidad de la pérdida, una sensación de shock o aturdimiento, dificultad para procesar la información y buscar explicaciones alternativas. Es la materialización de un pensamiento tan común como el de «no puede ser». A veces se materializa con una negociación emocional, más que verbal: somos capaces de explicar y hablar sobre lo sucedido, de poner palabras a la pérdida, pero se da una disonancia con nuestro procesamiento emocional.

**Enfado o ira**
En esta fase es común empezar a sentir sensaciones más viscerales, como la rabia. El enfado se puede canalizar de distintas formas y dirigirse hacia nosotros mismos, hacia la persona fallecida/expareja/jefe, hacia el resto de las personas o la situación en general. Es una forma de expresar la impotencia y frustración ante la pérdida, y se canaliza mediante sensaciones de irritabilidad, culpabilización, resentimiento, rabia, sensación de injusticia o deseos de venganza.

**Negociación**
En esta fase, el enfado y la negación ya no resultan adaptativas y debemos encontrar una forma de sostener la pérdida. No deja de ser, en realidad, una forma de posponer la aceptación que se materializa en promesas a uno mismo acerca de cambiar conductas o comportamien-

tos, deseos de recuperar lo perdido a través de estos cambios, búsqueda de soluciones mágicas o milagrosas y fantasías sobre la posibilidad de que lo ocurrido no termine materializándose o no tenga las implicaciones o consecuencias que se intuyen. En ese momento en el que uno siente que empieza a superar el dolor, se ve con fuerzas para recuperar actividades que había abandonado y experimenta momentos agradables durante días o semanas.

**Tristeza**
La tristeza —junto con el enfado— puede estar presente en cualquiera de las fases, pero conforma una etapa en sí misma que llega después de la negociación. En esta fase es común sentir una tristeza profunda y más permanente; abandonamos la esperanza de recuperar lo perdido y experimentamos emociones parecidas a la depresión, como pérdida de interés en las actividades que antes disfrutábamos, dificultad para concentrarnos y tomar decisiones, llanto incontrolable, pensamientos recurrentes sobre lo perdido… Es una forma de empezar a procesar la despedida y el alejamiento de la ausencia, siendo plenamente consciente de lo que supone.

**Aceptación**
El viaje emocional vivido hasta este momento ha sido, teóricamente, el que nos ha permitido concluir en esta fase en la que podemos aceptar la realidad de la pérdida con todas sus implicaciones y comenzamos a adaptarnos a la nueva realidad. Es importante entender

que la aceptación no va unida al olvido de lo perdido ni a la ausencia de dolor. Consiste en aprender a vivir sin aquello a lo que estábamos vinculados: reconocemos y nos identificamos con la nueva realidad, el dolor y la tristeza disminuyen en gran parte, empezamos a desarrollar la capacidad de recordar lo sucedido desde otro lugar, sin que sea incapacitante, y tenemos fuerzas para recuperar esas otras cosas que habíamos perdido, como actividades cotidianas, hobbies o compromisos. Es la materialización del proceso final del duelo que nos permite seguir adelante con nuestra vida.

De la aceptación se puede salir, entrar y hacer un viaje de ida y vuelta cuantas veces sea necesario. La aceptación nos permite experimentar la integración de la pérdida, pero depende de un flujo de sensaciones, emociones, experiencias y estímulos que nos rodean, que determinarán la forma en que convivimos con esa pérdida en nuestra vida. Por tanto, **no siempre será definitiva si la entendemos como el final o término del duelo. El duelo no termina, se transforma.** La pérdida cobra un significado distinto en nuestra vida, a veces seguirá doliendo y otras no, a veces ocupará un espacio muy grande y otras uno diminuto. La manera en que la pérdida encuentre su sitio en nuestra experiencia vital será, en definitiva, la forma en que experimentemos la aceptación.

¿Te acuerdas de que, unas páginas atrás, describí algunas de las sensaciones y emociones que podemos experimentar cuando las expectativas no se cumplen? ¿Recuerdas que te pregunté si te sonaba ese conjunto de sentimientos y estados de ánimo? Un profundo bloqueo, decepción, frustración, ansiedad, enfado, tristeza... Bien, pues ese conjunto de pasiones y reacciones tan solo conforman el relato emocional que uno puede experimentar tras la exposición a una pérdida. Y conocerlo ayuda, además, a calmar la vorágine emocional, porque enfrentarnos a una serie de expectativas incumplidas nos obliga a ajustar y construir unas nuevas. Por eso resulta liberador saber a qué nos podemos enfrentar a continuación. Lo veremos en el capítulo siguiente.

Si te reconoces en alguna de estas etapas o crees que te puede resultar útil encuadrarlas y compartimentarlas en el puzle, conocerlas ha merecido la pena. Y, si no es así, debes recordar lo que te he dicho en los últimos párrafos: **las etapas en el duelo no son rígidas, universales, secuenciales ni tienen una duración establecida. No se cumplen siempre, ni el orden es inflexible y estricto.** El proceso es único, tuyo, y toda esta información solo es útil si la acoges como una fórmula de entender tu proceso emocional. Tú eres tu contexto, tus circunstancias y el resultado de todo lo vivido con anterioridad. Tú eres el lugar en el que naciste y la escuela donde aprendiste, tú eres la madre que tuviste y el trabajo al que vas cada día. Tú eres lo que hay en tu nevera y la forma en la que te han amado hasta ahora. Por eso, tu duelo es único, aunque seas una persona igual que yo y compartamos algunas similitudes en la forma de procesar la información y aquello que sentimos. Permítete experimentar el duelo tal como lo necesites y durante el tiempo que necesites. Sé que lo que sientes puede ser muy molesto y desagradable, sé que es duro convivir con ello, y muy tentador correr tratando de escapar del malestar. Pero también sé que, cuando el duelo marca sus propios tiempos, se sana antes, se sana mejor.

## Las punzadas del duelo

Mientras escribía el libro puse en marcha un grupo de terapia de duelo en Sevilla, posiblemente mi ciudad favorita y en la que he vivido tres años. Soñaba con ese proyecto desde hacía tiempo y lo imaginé muchas veces en mi cabeza, hasta que me decidí a hacerlo realidad. En este empujón definitivo tuvo mucho que ver Gonzalo, que siempre ha creído en mí y en mis ideas, y siempre me contagia su entusiasmo y optimismo. Gon es de esas personas que cree posible hacer casi cualquier cosa, y, teniendo a mi lado a un aliado como él, es difícil no ponerse manos a la obra.

El caso es que, después de muchos meses, lo inicié y logré juntar a un grupo de personas muy diversas, con circunstancias vitales distintas y duelos bastante diferentes, lo cual tan solo enriquecía el proyecto. La iniciativa estaba pensada para que ellas se acompañaran en su dolor, al tiempo que aprendían en qué consiste el duelo, qué se puede esperar de él y cómo transitarlo de una forma más amable. Aunque fuera muy duro enfrentarse cada semana a ese espacio lleno de dolor y desesperanza, era preciso ver cómo ese grupo podía entenderse y acompañarse solo con su presencia, con una mirada cómplice, con una lágrima compartida y el deseo mutuo de recuperarse.

El viaje que los participantes comenzarían de mi mano durante la terapia estaba ideado en ocho sesiones, ocho semanas en las que recorrer los huecos del duelo, comprenderlos, asimilarlos y hacerles un espacio. A algunas personas les parecerá mucho tiempo, pero ocho martes no son gran cosa al lado de un duelo que puede durar toda la vida. Y con esta idea dirigí la primera sesión de este grupo tan especial. Quería explorar aquello que esperaban los dolientes, tanto del propio duelo como del trabajo que haríamos en el grupo, quería conocer sus expectativas y trabajarlas desde el primer momento. No quería engañarlos ni que acudieran con falsos horizontes sobre el proceso terapéutico. Así que me inventé un juego muy sencillo.

Imaginé todas aquellas expectativas que tendrían con respecto a su propio proceso de duelo, todas las ideas preconcebidas, los deseos honestos pero utópicos, y anhelos que he escuchado en tantas sesiones con otros pacientes al preguntarles qué esperaban de su proceso de duelo. Pensé en todas esas cosas que yo mismo había esperado al lidiar con mis ausencias. Y plasmé algunas en una lista que, más tarde, amplié junto con expectativas más realistas. Convertí una selección de ellas en tarjetas impresas individuales. Una por cada idea, una por cada expectativa:

- Comprender mejor mis emociones.
- Que mi vida vuelva a ser la de antes.

- Que me siga doliendo siempre o por mucho tiempo.
- Que los demás no me vean mal.
- Saber manejar y afrontar la pérdida.
- Que haya un sentido de normalidad y rutina en mi vida.
- Dejar de sentir emociones desagradables.
- Olvidar lo que ha pasado.
- Controlar mis emociones.
- Recordar siempre mi pérdida.
- Experimentar altibajos emocionales.
- Que me deje de doler.
- Que las próximas pérdidas me duelan menos.
- Vivir con la tristeza.
- Aceptar la pérdida.
- Dejar de sentirme triste.
- Superar el duelo.

Pedí a los participantes que las leyeran atentamente y debatieran cuáles de esas expectativas estaban presentes en relación con su propio proceso de duelo, cuáles formaban parte de sus horizontes y visualizaban como verdaderos objetivos, y cuáles preferían desechar. Quizá tú, querido, querida lectora, puedes hacer lo mismo: repasar la lista y señalar las frases con las que te identificas para hacer este ejercicio conmigo, dejando fuera el resto. ¿Cuáles de estas expectativas marcan o han marcado tu duelo? ¿A cuáles te has aferrado todo este tiempo? ¿Cuánto deseas que se cumplan?

## LOS TIEMPOS DEL DUELO

Las demás, los descartes, son ideas, situaciones o propósitos que prefieres tirar a la basura. Porque nadie quiere vivir con la tristeza o que los demás lo vean mal. Nadie querría, en un principio, tener que hacerle un hueco al dolor.

Si separamos las expectativas del duelo en objetivos más y menos realistas, podría quedar algo así:

| EXPECTATIVAS REALISTAS | EXPECTATIVAS NO REALISTAS |
| --- | --- |
| Saber manejar y afrontar la pérdida. | Dejar de sentir emociones desagradables. |
| Comprender mejor mis emociones. | Que los demás no me vean mal. |
| Experimentar altibajos emocionales. | Controlar mis emociones. |
| Aceptar la pérdida. | Olvidar lo que ha pasado. |
| Recordar siempre mi pérdida. | Que me deje de doler. |
| Que me siga doliendo siempre o por mucho tiempo. | Que mi vida vuelva a ser la de antes. |
| Que haya un sentido de normalidad y rutina en mi vida. | Dejar de sentirme triste. |
| Compartir mis emociones con el resto. | Que las próximas pérdidas me duelan menos. |
| Vivir con la tristeza. | Superar el duelo. |

Estoy convencido de que en la pequeña lista de expectativas realistas —columna de la izquierda— hay más de uno de tus descartes, y viceversa. Lo mismo ocurrió entre los participantes del grupo de duelo. Estoy seguro de que, en algún sentido, esperas dejar de sentir dolor y, en ningún caso, pretendes vivir con la tristeza o que te siga doliendo siempre o por mucho tiempo. Pero **hay penas que nunca se van del todo. Y, aunque te resulte algo decepcionante leerlo, lo cierto es que está bien que sea así. Principalmente, porque tiene sentido que sea así.**

En la inauguración del grupo de duelo, uno de los participantes me dijo: «Quiero dejar de sentir este dolor». Lo entendí. Yo también he deseado en muchas ocasiones quitármelo de encima, a veces como si lo pudiera tocar con mis manos, a veces como si fuera una nube negra dentro de mi pecho y pudiera hacerla desaparecer soplando con fuerza. Le contesté: «Yo no trabajo para que deje de dolerte. Yo no quiero que te deje de doler la muerte de una hermana, porque lo normal es que te duela siempre, que la eches en falta siempre, que te dé rabia siempre no tenerla contigo. Es lo que te corresponde sentir, y mi trabajo no es anestesiarte emocionalmente. Consiste en ayudarte a vivir con eso, con la pena, con el dolor, con la ausencia. **Lo que pretendo es que tu dolor tenga espacio para existir sin necesidad de que lo invada todo. Que el espacio que ocupe tu dolor no sea el espacio que necesitas tú para vivir,** sino que sea un espacio limitado, reservado solo para él, y que lo puedas sostener mientras sigues caminando».

Y ahí surgió la necesidad de hablar sobre el concepto «superar el duelo». Por la manera en que comprendemos y conceptualizamos el proceso de superación del duelo, lleno de mitos, prejuicios e ideas preconcebidas que nos condenan al procesar la pérdida, creo que es un objetivo poco realista.

| QUÉ ES SUPERAR EL DUELO | QUÉ NO ES SUPERAR EL DUELO |
| --- | --- |
| Aceptar la realidad de la pérdida. | Olvidar lo perdido. |
| Sentir tristeza en algunos momentos. | No sentir tristeza ni dolor de nuevo. |
| Integrar el recuerdo de la ausencia en la vida diaria. | No pensar ni recordar lo sucedido. |
| Aceptar mi nueva identidad, asumir que la experiencia cambia parte de mi naturaleza. | Volver a ser exactamente la misma persona que era antes de sufrir la pérdida. |
| Reorganizar roles y responsabilidades. | Pretender que todo siga igual. |
| Buscar el apoyo de los demás cuando sienta que lo necesito. | Tratar de manejar el malestar en solitario o no compartirlo con nadie. |
| Tener días buenos y días malos. | Creer que el dolor sigue una progresión lineal. |
| Permitir que la pérdida adquiera significados diferentes y cambie con el paso del tiempo. | Pensar que hay que seguir un calendario específico para que mi proceso tenga sentido. |

**El duelo es una experiencia emocional con la que podemos conectar en diferentes momentos de la vida, por lo que «superarlo» significa, más bien, pasar de la incomodidad a la integración.** Y de eso trata este capítulo. De los momentos en que conectamos con la pérdida a pesar de haber pasado ya suficiente tiempo, de los momentos en que sentimos el sufrimiento y el malestar de la ausencia tal como la padecimos el primer día. Hablo de las punzadas del duelo, momentos repentinos y agudos de dolor emocional que aparecen sin previo aviso y, a veces, parece que sin explicación. En algunos momentos del duelo, el malestar puede sentirse de forma constante, pero la punzada se define como una ola de dolor intenso en fases avanzadas del duelo, incluso cuando la pérdida parece haber sido integrada. Suelen ser desencadenadas por recuerdos, lugares, fechas especiales, olores, canciones o cualquier otro elemento asociado a la pérdida, cualquier distracción que coloca la ausencia en el centro del foco, en la superficie de nuestro recuerdo.

Las punzadas son una parte natural y esencial del proceso de duelo. Asustan mucho, por ser inesperadas y profundas, y quien las sufre puede sentir que ha retrocedido en su viaje emocional, que ha recaído en un dolor demasiado perturbador. Pero eso es mentira, y no es una evidencia de la revictimización, sino de todo lo contrario.

- No son una regresión.
- No son signos de debilidad.
- No son permanentes.
- No son un problema que debes resolver.
- No son irracionales.
- No son señal de que algo va mal.
- No son experiencias solitarias.

## LOS TIEMPOS DEL DUELO

Mientras escribía el libro, un buen amigo transitaba su proceso de duelo sentimental inundado de bastante dolor. Algunas semanas lograba experimentar distintas alegrías, momentos felices e ilusiones nuevas; pero, otras veces, el dolor regresaba, lo inundaba todo e inevitablemente sentía que había retrocedido en su recuperación. Le expliqué que el duelo se experimenta por oleadas, como cuando baja la marea pero, por momentos, algunas olas se comen parte de la arena que permanece seca en la orilla.

Sé que puede sonar paradójico, pero es así: **estar mal a veces significa que vamos por buen camino.** El duelo tiene esta dualidad intrínseca: el dolor y el consuelo en dos caras de una misma moneda. El dolor durante las punzadas es innegable. Cada una de ellas te golpea, a veces, con una intensidad capaz de dejar cicatrices, visceralmente, casi tangible, como una herida abierta que vuelve a sangrar. Pero, en realidad, se parece más al malestar de cuando echas agua oxigenada en esa herida. **En la punzada hay consuelo.** Es como cuando sales destrozado de ver una película triste pero bonita: ahí también hay confort, una parte de ti se reconcilia contigo mismo y con el dolor que sientes. **La punzada es el estímulo que te señala aquello que fue real, significativo, profundo e importante para ti.** Y puede que el consuelo del que hablo no sea del que calma y apacigua de inmediato un malestar, sino que ofrece una sanación más compleja. Es la experiencia que nos facilita encontrar mayor autenticidad en nuestra forma de sentir.

Permitir que las punzadas rujan dentro de nosotros es un acto de autoafirmación, de liberación de las emociones atrapadas que nos ayudan a descomprimir el peso del duelo, es una forma de encontrar un sentido de equilibrio en medio del caos emocional.

Además, como las distintas fases del proceso del duelo, las punzadas también cumplen una función de adaptación emocional y cognitiva:

- En un mundo en el que no hay espacio para el malestar y el sistema nos empuja constantemente a «seguir adelante», a seguir produciendo, estos recordatorios validan la profundidad de nuestra conexión con lo perdido, nos dan permiso para conectar con la pena.
- Entrenan el procesamiento y la regulación emocional, pues pueden surgir en momentos inesperados, por lo que nos obligan a hacerle un hueco al malestar que, quizá, hemos evitado con anterioridad.
- Al surgir como respuesta a estímulos que nos activan emocionalmente —una canción que nos recuerda a nuestra expareja, un lugar en el que hemos compartido momentos especiales con nuestro abuelo, una foto de la casa en la que vivimos hace unos años…—, experimentar una punzada de duelo no solo es doloroso, al mismo tiempo puede ser una experiencia reconfortante, porque funciona como el preludio de un homenaje en forma de memoria, una manera de tener presente lo perdido.

## LOS TIEMPOS DEL DUELO

Soy muy consciente de que el dolor, a veces, acoge tantas formas que no conocemos con exactitud a qué tipo de malestares nos enfrentamos: ¿estoy experimentando una punzada natural y saludable o un dolor incapacitante? ¿Esto que siento es normal o patológico? ¿Necesito ayuda? ¿Cómo debo diferenciar un dolor que forma parte de un proceso de sanación de una punzada de duelo?

Recuerdo a un paciente que llegó a mi consulta hundido emocionalmente. Estaba destrozado tras la muerte de su madre y tenía un contexto familiar muy complicado. Caminé junto a él en su proceso de duelo y logró reconfigurar el dolor e integrarlo en su vida de una forma totalmente saludable. Llegó derrotado, abatido, totalmente apagado, y se fue de alta sereno, tranquilo y en paz consigo mismo y con su dolor. No me atrevo a decir que lo hizo feliz o contento, porque, en realidad, ese no era el objetivo.

El caso es que bastantes meses después quiso otra cita conmigo y le di paso de inmediato. Reconozco que me preocupé, pensé que podría haber vuelto a tocar fondo. Nada fuera de lo normal, por otro lado, pues los altibajos forman parte del proceso. Al encontrarnos, me contó que llevaba unas semanas bastante afectado, sentía mucha ansiedad y había vuelto a conectar de una manera muy visceral con el duelo por la muerte de su madre. Le pregunté qué le preocupaba de su malestar y me contestó que tenía miedo de haber dado pasos atrás. Mi papel durante esa sesión consistió en validar su dolor y angustia y explicarle en qué consisten las punzadas del duelo; le aclaré que una punzada de duelo puede durar días o semanas, y seguir siendo una punzada de duelo, lo cual lo tranquilizó. La cercanía de las Navidades lo había hecho reconectar con la ausencia y la tristeza que le generaba la silla vacía. Unos días más tarde, la ansiedad se había esfumado, la tristeza era más llevadera y, a día de hoy, casi un año después de esa sesión, no he vuelto a saber de él.

El dolor constante es como un murmullo de fondo, una tristeza persistente que nos acompaña día a día. Es esa sensación sutil pero omnipresente, la sentimos al despertar y al acostarnos, recordándonos la pérdida. No es necesariamente debilitante, ni incapacitante o poco saludable. Se trata de un malestar muy común en las primeras etapas del duelo, tejiéndose y retroalimentándose a sí mismo permanentemente, siempre presente, aunque no lo sintamos a cada rato. Un dolor que aprendemos a sostener, que se convierte en parte de nuestra existencia.

Por otro lado, las punzadas agudas son momentos repentinos de dolor en que este se concentra, como relámpagos emocionales que iluminan brevemente la pérdida. A diferencia del dolor constante, no

## LOS TIEMPOS DEL DUELO

llevamos las punzadas a cuestas de manera continua, sino que irrumpen en nuestra vida de forma impredecible.

La diferencia entre el dolor constante y las punzadas del duelo reside principalmente en su función. El dolor está presente para permitirnos adaptarnos a la nueva realidad, mientras que la punzada es solo un recordatorio que propicia echar de menos aquello que ya no podemos recuperar y no quedarnos atrapados en una aceptación superficial de la pérdida.

## Qué hacer en las fechas señaladas

Los cumpleaños, el día del Padre o de la Madre, la Navidad, un aniversario... Las fechas señaladas suponen un desafío en los procesos de duelo. Sobre todo, las primeras veces. La buena noticia es que solo hay una primera vez de cada fecha. A partir de ahí, los días especiales van tomando una forma diferente y adquiriendo un significado distinto.

Para que esto ocurra, es importante integrar la pérdida en estas celebraciones —o en su ausencia— y evitar actuar como si nada hubiera cambiado. A veces, es lo que todos querríamos, pero no es la realidad. Negar la realidad es invalidante.

- El día del Padre o de la Madre: puedes participar en los rituales sociales subiendo una foto a las redes sociales con tu ser querido, aunque ya no esté. Puedes comprar flores, recordarlo o hacer una comida en casa como homenaje.
- En los cumpleaños: puedes soplar las velas o comer tarta, o reunir a sus seres queridos para recordarlo, puedes celebrar su vida, la que vivió durante el tiempo que tuvo.

## LOS TIEMPOS DEL DUELO

- En Navidad o en otras fiestas: puedes darle espacio a su recuerdo, entender y asumir que su ausencia deja un hueco insustituible y tenerlo presente junto con el resto de las personas que lo echan de menos.
- En los aniversarios: puedes hablar con tus aliados sobre lo que te hace sentir y pedirles que te acompañen ese día, y tener así un espacio que te permita compartir con los demás cómo te sientes o qué necesitas.

SEGUNDA PARTE

# HAZLE UN HUECO A LA EMOCIÓN

Capítulo 4
# DE BRUCES CONTRA LA EXPECTATIVA

Escribir un libro no es nada fácil. Ni siquiera un mal libro. Cuando uno se coloca frente a un ordenador, y en la pantalla ve un espacio infinito en blanco y, justo debajo, un teclado lleno de letras esperando a ser llamadas a fijarse para la posteridad en un libro, espera poder contribuir en algo con sus aportaciones. Hacerlo sin esperar nada parecería incoherente, incluso una pérdida de tiempo. Uno puede sentir las expectativas como propias, pero, en realidad, están directamente condicionadas por las de los demás. Al ser este un encargo de una gran editorial, hay una mezcla de la expectativa del otro —tu expectativa, querido lector o lectora desconocida, la de mi editora Alba y la del resto de la editorial— con una ambición personal y una intuición honesta, y todo ello juega un papel fundamental en la escritura de este texto.

Por tu parte, tu expectativa sobre este libro puede haberse construido desde distintos lugares. Puede que empezara tan pronto como lo viste en una librería, que te lo recomendara alguien, te saltara un vídeo en las redes sociales o me escucharas en tu pódcast favorito. Sea como sea, nada más ver, conocer, tocar o descubrir el libro, has empezado a elaborar una serie de expectativas respecto a él. Has comenzado a construir una idea sobre lo que encontrarás dentro, sobre cómo está escrito, sobre lo que aprenderás o no con él. No puedes acercarte al libro sin esperar nada sobre él.

Lidiar con las expectativas, y sobre todo con la idea de que no se cumplan, es una de las problemáticas fundamentales de muchas de las personas que deciden iniciar un proceso psicoterapéutico, porque calibrarlas requiere de un esfuerzo que a menudo nos deja exhaustos. En caso de que este libro no se ajustara a lo que espera alguno de sus lectores, le generaría algunas emociones desagradables al ojearlo, recordarlo o hablar de él. Es posible que el amable lector abandone el libro en estas páginas y ya no quiera oír más sobre mí, incluso puede que su experiencia con este libro condicione su relación con el duelo o con cualquier material divulgativo relacionado. Puede que sienta que ha perdido el tiempo o se vea obligado a sostener cierta confusión o desorientación porque no entraba en sus planes quedarse sin lectura a estas alturas del partido. Quizá este fuera el libro que había escogido para sus vacaciones de Navidad y ahora no sepa qué leer, o quizá haya comprado un par de copias para regalar y se arrepienta de su impulsiva decisión —¿a quién se le ocurre regalar un libro que no ha leído antes?—. Nada excesivamente grave para el lector —igual para mí un poco más, que me juego mis propias expectativas y las ajenas con cada palabra tecleada—, pero bastante importante como para hacer un ajuste de la situación, las necesidades y condiciones de lo sucedido.

Generar expectativas es la estrategia psicológica por excelencia para lidiar con la incertidumbre inherente a nuestras vidas. Desde muy pequeños aprendemos a anticipar eventos futuros y a formular expectativas sobre cómo se desarrollarán. Entre los dos y los siete años empezamos a anticipar situaciones simples y sobre todo cotidianas, como la hora de la cena o la llegada de un familiar. A partir de los siete empezamos a desarrollar una comprensión más clara de las relaciones causales entre situaciones, y auguramos contextos más complejos y las consecuencias de nuestros actos, aunque todavía de una forma algo egocéntrica o limitada. Desde los once años comenzamos a elaborar expectativas más adultas, sobre todo porque hemos desarrollado la capacidad de cognición abstracta que nos abre un mundo de posibilidades.

En ocasiones, ni siquiera somos conscientes de las expectativas que habitan en nosotros. De hecho, cuanto más nimia sea una cotidianeidad, más rápido se procese y más sorpresivamente la confrontemos, menos conscientes seremos de que esperábamos su contraria. Por ejemplo, probar una comida de un sabor inesperado, beber una bebida fría que comúnmente se toma caliente o cerrar una puerta con más fuerza de la necesaria. ¿Cuántas veces has subido o bajado unas escaleras sin advertir que faltaba un último escalón por pisar? O, al contrario, ¿en cuántas ocasiones, caminando por la calle, has pisado con fuerza sin esperar un desnivel en tu siguiente paso?, ¿acaso eras consciente previamente de que pisabas con tal paso firme, con esa fuerza que, al encontrar el pequeño escalón escondido, se te ha tambaleado el equilibrio? ¿Has notado el desconcierto que este tipo de situaciones te genera? Incluso podríamos describir emociones significativamente desagradables, aunque rápidamente procesadas, cuando experimentamos estas circunstancias: frustración, irritación, molestia.

Las expectativas se construyen, en gran parte, con base en nuestras experiencias previas. Y de ellas, como comprenderás, no puedes escapar, del mismo modo que no puedes huir de la expectativa. Es como si quisieras volver a disfrutar de tu serie favorita desde el primer episodio, como si nunca la hubieras visto antes, sorprenderte de nuevo con los giros de guion, volverte a enamorar del protagonista, emocionarte con las tramas más interesantes y odiar, una vez más, a ese otro personaje del que también acabaste encariñándote. Se trata de un deseo con el que muchos soñamos, pero que resulta imposible de cumplir salvo si perdemos la memoria. **No puedes escapar de lo que ya sabes, de lo que ya conoces, por lo que no puedes huir de esperar algo como consecuencia de lo vivido.** Tampoco puedes evitar las influencias externas —como las que nos pervierten desde los medios de comunicación o la publicidad— ni las expectativas culturales y sociales con las que convivimos a diario y de las que también somos partícipes, pues nosotros, con nuestra conducta habitual, también las construimos.

Además, actúan como guías para nuestras acciones y decisiones, proporcionándonos un sentido de dirección y control en un mundo que, de otro modo, sería abrumadoramente caótico. **Es imposible no tener expectativas, porque contribuyen a que proceses más adecuadamente la información, predigas situaciones, conductas o emociones y puedas tomar mejores decisiones.** Nos ayudan a estructurar nuestra realidad y a interpretar con coherencia el mundo que nos rodea. Son como pequeñas brújulas que indican y dibujan el camino, la línea que debo seguir para recorrer con éxito una especie de laberinto ajardinado en el que se concentran las particularidades de cada vida.

Sin embargo, la generación de expectativas conlleva inconvenientes. Cuando no se cumplen, ya sea porque la realidad no se ajusta a lo esperado o porque nuestros esfuerzos por controlar la situación son insuficientes, es habitual experimentar un profundo bloqueo, decepción, frustración, ansiedad, enfado, tristeza… ¿Te suena?

## Duelo y expectativas

Enfrentarse al duelo también es un ejercicio de confrontación contra una idea preconcebida. Este desafío supone un conglomerado de conductas, emociones y pensamientos que van dirigidas, en exclusiva, a ajustar y adaptar todo lo que esperaba que sucediera, a ayudarme a continuar en un tablero de juego diferente, con unas reglas distintas y un destino cambiado. En términos psicológicos, podríamos decir que la pérdida representa una disrupción en el flujo normal de nuestras expectativas, desafiando las creencias sobre cómo debería ser nuestro pequeño mundo y cómo deberían desarrollarse nuestros planes y relaciones. Lo que sigue a este choque frontal contra nuestra anticipación es una sensación profunda de desorientación y desequilibrio emocional, y para superar el desconcierto y reiniciar la marcha del funcionamiento del propio universo, necesitamos entregarnos a un proceso de ajuste de nuestras expectativas a la luz de la pérdida. Esto es el duelo: un proceso completo de elaboración y comprensión que impregna casi todas las dimensiones de nuestra vida y que, a veces, parece abrumador, incluso desadaptativo, porque nos deja, en muchos sentidos, fuera de combate y con la sensación de no tener recursos para continuar. Todas esas creencias son reales y muy posibles; de hecho, he escuchado a demasiados pacientes quejarse de un dolor que interpretan como indefinido, de un malestar eterno que creen que les impedirá recuperar la facultad para volver a disfrutar de las cosas, de una incapacidad mal entendida para volver a sentir emociones agradables y para continuar con una vida plena. Si has sentido algunas de estas cosas o las sientes ahora, es importante que sepas que son sensaciones y pensamientos pasajeros, que no durarán siempre; fluctúan, y el hecho de que estén presentes ni los hace eternos ni los convierte tampoco en barreras infranqueables en sí mismos.

Aprender a ajustar las expectativas puede resultar una habili-

## DE BRUCES CONTRA LA EXPECTATIVA

dad interesante para lidiar con el malestar. **Igual que una brújula que necesita calibrarse ocasionalmente para mantenerse precisa, nuestras expectativas deben adaptarse a medida que las nuestras circunstancias y experiencias.** Los cambios y situaciones inesperados y las dificultades personales desafían nuestras presunciones y pronósticos poniendo a prueba nuestra capacidad para adaptarnos. Pero ajustar las expectativas no significa renunciar a los deseos o aspiraciones, sino más bien adoptar una actitud más flexible y realista hacia ellas. Es una tarea de revisión y adaptación. Esto puede implicar reconocer y aceptar las limitaciones que enfrentamos a la vez que tratamos de encontrar alternativas que se alineen más con nuestras necesidades.

En todo caso, ajustar las expectativas permite aliviar la frustración y hacer más llevadero el malestar, pero no evitarlo del todo. **No siempre se puede evitar el malestar. No siempre se debe.** Por eso en ocasiones creemos que, para mejorar la relación con las expectativas, es mejor no esperar nada; es decir, es mejor no tenerlas. Como si eso fuera posible.

Andrés estaba en shock. Su novio, con el que había compartido los últimos cinco años, se había esfumado. Lo había dejado de la noche a la mañana sin motivo aparente ni explicación alguna. Habían mantenido una relación bonita, llena de afecto, cariño y mucha pasión. Habían construido un espacio seguro de amor sincero,

## HAZLE UN HUECO A LA EMOCIÓN

hasta que la pareja de Andrés decidió marcharse y terminar con todo de repente.

Llegó a la primera sesión en una completa negación. Era capaz de narrar lo sucedido con una frialdad que a cualquiera lo habría impresionado. No es que estuviera desconectado emocionalmente con lo ocurrido, es que no se lo podía creer. Había sido incapaz de procesar y asimilar realmente la situación y le quedaba por delante un camino doloroso por recorrer. En efecto, por un lado estaba experimentando ese primer momento de bloqueo y perturbación del duelo en el que la realidad es tan abrumadora que resulta insostenible; por otro, esa misma realidad confrontaba con fuerza las expectativas que, junto con su expareja, había construido en los últimos años. Andrés no se expuso a ningún tipo de estímulo que le permitiera adivinar lo que su ex había decidido de manera totalmente unilateral y cobarde. A la estupefacción por la pérdida se le sumaban la imprevisibilidad, la sorpresa, la culpa, el desconcierto, la preocupación por los motivos que escondía su ex de cara a la decisión y todas las dudas que aquello acarreaba.

En las primeras sesiones, la prioridad era ayudarlo a procesar la realidad de lo sucedido y prepararlo para lidiar con la avalancha de emociones que pronto experimentaría. Hicimos un trabajo de exploración de las expectativas que había construido con respecto a su relación y cómo la ruptura había desafiado ese horizonte de manera abrupta. Más adelante, el proceso terapéutico consistió en reconstruir su sentido de identidad y propósito en ausencia del cumplimiento de las expectativas que lo habían definido hasta ahora. Trabajamos en fomentar su autonomía y autoestima, en fortalecer la capacidad de Andrés para enfrentarse a una vida en solitario, pues el sendero que tenía dibujado sobre la mesa era en compañía de su ex. Lo que más lo ayudó fue comprender y asimilar el duelo como una necesidad de reajuste y reconstrucción.

## Emociones y expectativa

Si dejamos por un momento el duelo a un lado y nos centramos exclusivamente en todas esas emociones que podemos llegar a experimentar cuando debemos elaborar la confrontación de una expectativa incumplida, el viaje nos eleva entre la pena, la incertidumbre y el enfado. Es un cóctel molotov emocional difícil de sostener y caracterizado por:

## HAZLE UN HUECO A LA EMOCIÓN

- La **decepción**: un sentimiento que mezcla la frustración y la tristeza por no obtener lo deseado y cuya intensidad depende del valor de la expectativa.
- La **frustración**: se caracteriza por la impaciencia y el desánimo ante la imposibilidad de alcanzar la meta; en muchas ocasiones, este sentimiento de frustración se manifiesta como irritabilidad o apatía.
- La **tristeza**, cómo no: ese pesar, esa melancolía que hace equilibrios sobre un finísimo hilo que nos une a la posibilidad anhelada; a veces la identificamos gracias al llanto, al aislamiento social y al desinterés por actividades que antes nos generaban placer.
- La **ira**: se representa como resentimiento hacia la situación que provocó el incumplimiento de la expectativa; le ponemos voz con nuestros reproches y discusiones o, incluso, con ciertos niveles de agresividad.
- La **culpa**, la maldita culpa: nos hace sentir responsables de no haber logrado cumplir la expectativa; construye los cimientos de la autocrítica, de la autoestima herida y del remordimiento que se repite como un mantra.
- El **miedo**: la inquietud, la aprensión ante las posibles consecuencias de lo sucedido; se le unen la ansiedad, la inseguridad, la desconfianza.
- La **vergüenza**: la humillación, la deshonra que nos esconde detrás de un manto opaco en nombre de la evitación.
- La **desesperanza**: la pérdida de confianza, la ausencia de mo-

## DE BRUCES CONTRA LA EXPECTATIVA

tivación para seguir adelante, la apatía y el desinterés, la sensación de vacío...

La decepción, la frustración, la tristeza, la ira, la culpa, el miedo, la vergüenza, la desesperanza... ¿Acaso no es más que lo que sentimos al transitar un duelo? Entender el duelo como un choque contra las expectativas, y entender las expectativas incumplidas como la necesidad de realizar un ejercicio de adaptación a una realidad inesperada, nos puede permitir afrontar la pérdida desde un lugar de reajuste, no de despedida; desde el imperativo de poner en orden lo desordenado, no desde la irremediabilidad y la tristeza infinita; desde la necesidad de responder a la pregunta sobre **cómo convivir con los huecos vacíos, pero con la certeza de que hay otros espacios llenos de vida alrededor que amortiguan los desiertos emocionales.**

Vuelve a leer las distintas emociones que se pueden experimentar cuando toca hacer un reajuste de las expectativas, o sea, cuando se transita un duelo. Son emociones que conoces de sobra, comunes a muchas otras experiencias vitales que has vivido, estás viviendo y seguirás viviendo. Son sensaciones y sentimientos que se acompañan de pensamientos que ya han formado parte de tu vida, que te han permitido transitar otros malestares, integrarlos, hacerles espacio y convivir con ellos. Son emociones que te acompañan desde el principio, te marcan el camino de la regulación y del afrontamiento. **La muerte de un ser querido, o cualquier otro duelo, se resume en la experimentación de emociones que ya conocemos y con las que hemos**

**lidiado antes.** Eso no significa que sea un camino fácil o agradable, que se sienta igual que cualquier otro o que no tenga relevancia en nuestro recorrido vital. La tiene, impacta, nos duele en el pecho como ninguna otra cosa y llegamos a pensar que la vida nunca volverá a ser igual que antes. Y todo eso es cierto, como también lo es que, en último término, eso ya lo has sentido otras veces, en distintos contextos e intensidades, en circunstancias cambiantes, pero no son emociones extrañas o únicas.

# Vínculo y expectativas

El vínculo influye tanto en nuestra relación con la pérdida que, por obligación, el impacto que el vínculo tenga o haya tenido en nuestra vida es lo que inevitablemente condicionará el proceso de reajuste de las expectativas. Sin embargo, este tipo de conclusiones simplificadas pueden conducir a error en el procesamiento de nuestras pérdidas y en la implicación de nuestros vínculos en ellas. Para entender los sesgos con los que podemos elaborar estas conclusiones, utilizaré como ejemplos cuatro tipos de duelo que ya conoces.

### El duelo por excelencia: la muerte
La de un ser querido, de tu propia familia, de un animal, de un personaje famoso, incluso la de una persona que no conoces de nada

o, peor, la de alguien a quien detestas. El duelo en cada una de esas circunstancias será particular, en tanto que tus expectativas sobre las implicaciones de esos vínculos se construirán de un modo u otro. Cuando fallece alguien a quien admiramos profundamente —como un ídolo o figura pública a la que tenemos cariño, aunque solo nos haya acompañado en momentos puntuales desde la lejanía con su trabajo o aportaciones culturales—, nuestras expectativas pueden ser de una conexión eterna, como si su presencia en nuestras vidas fuera inmutable. ¿No sentiste algo así cuando murió la reina Isabel II?, ¿cuando se fue Amy Winehouse?, ¿o cuando fallecieron Mariví Bilbao o Verónica Forqué? Nuestro vínculo con todas ellas dependía, a fin de cuentas, de nuestras expectativas sobre su permanencia omnipresente en nuestras vidas.

Algo parecido ocurre cuando muere una persona a la que detestamos, pues nuestro sentimiento permanece a pesar de la ausencia, pero encontramos formas de canalizarlo sin su presencia. En esa situación experimentamos una expectativa confrontada, también, cuando nuestro vínculo con la persona fallecida era hostil o conflictivo y podían quedar cuestiones por resolver. Además, necesitamos tiempo para procesar la imposibilidad de hacerlo, para armar un relato sobre cómo fue nuestra relación con esa persona y determinar también en qué punto queda tras su muerte. ¿Será, por siempre, una relación conflictiva? ¿Se la puede considerar así, si nuestro vínculo fue saludable, al menos durante un tiempo? ¿Y si murió justo antes de que nos reconciliáramos?

## HAZLE UN HUECO A LA EMOCIÓN

Incluso la pérdida de un completo desconocido puede afectarnos profundamente si sentimos una conexión emocional con esa persona o compartimos expectativas similares en algún sentido. Por ejemplo, la muerte de alguien cuya vida resonaba con la nuestra porque compartimos edad o momento vital, porque tenemos una vida parecida o la misma profesión, porque nuestras experiencias se asemejan o compartimos creencias o intereses. De repente, la vida te recuerda que esa muerte ha sido una cuestión de azar y que el siguiente podrías ser tú.

### El duelo «por deferencia»: la ruptura sentimental

Esta despedida es, quizá, la que evidencia con más ahínco la relación existente entre las expectativas, el vínculo y el duelo, pues su pena es una pregunta constante acerca de cómo será nuestra vida a partir de ahora sin la pareja, qué haré a solas con todos esos planes y decisiones vitales que ya había tomado o estaba a punto de tomar, cómo se sigue a partir de ahora, qué se supone que debo hacer, si podré o no amar de la misma manera, si me volverán a amar así, o mejor… En estos momentos, lamentamos principalmente, y de manera muy profunda, todo aquello que podría haber sido y no fue. Es decir, observamos el camino dibujado por nuestras expectativas y sentimos una profunda frustración por la incapacidad de sostener la incertidumbre acerca de cómo reconstruir ese sendero. Aquí el vínculo está ligado a la expectativa en tiempo y forma, y se definirá inevitablemente por el tipo de relación que hayamos mantenido hasta el momento. Si llevo meses o años construyendo este mismo camino con toda la intención e ilusión, dedicándole todos mis esfuerzos y reservándole todos mis recursos, ¿cómo se vuelve a empezar?, ¿realmente se puede? ¿Será igual?, ¿mejor? ¿Qué sentido ha tenido todo lo invertido si lo que hemos construido se ha esfumado, y quedado a medias, si aún había demasiadas cosas por hacer y vivir juntos?

**El duelo «invisible»: el despido**
Ahora ya sabes que, a veces, experimentamos muchos duelos invisibles, que no logramos identificarlos como tales porque están muy silenciados en nuestra sociedad, o porque no hacen demasiado ruido, o los tenemos muy integrados, o no nos sentimos con derecho a vivirlos, o porque están enmascarados con otros sentimientos u otras experiencias. El duelo por despido es uno de ellos. Salir de un trabajo puede ser una experiencia incluso satisfactoria y liberadora en algunos casos, pero en otros muchos supone un empujón contra el abismo del desempleo y la ausencia de ingresos que pone en jaque más de una vida. En estas circunstancias, el despido puede ser una auténtica pesadilla para cualquiera de nosotros, pero la agitación emocional y el miedo a la incertidumbre no responden únicamente a la imposibilidad de prosperar económica o laboralmente ni a las dificultades de encontrar un nuevo empleo, también al desamparo que las personas despedidas experimentan cuando sus expectativas se ven truncadas abruptamente.

Cuando fallece una persona, las rutinas y costumbres no siempre cambian radicalmente. Puede morir un buen amigo y que tu día a día, en términos generales, siga desarrollándose de la misma manera. Pero, cuando a uno lo despiden del trabajo, sus hábitos cambian de la noche a la mañana, a veces sin posibilidad de reacción ni prevención. La expectativa de acudir al trabajo cada día o de cobrar la nómina a final de mes ha de ajustarse a una realidad muy distinta que te obliga a poner en marcha, de inmediato, una estrategia de afrontamiento urgente para sobrevivir; sumándole, asimismo, la ausencia de las bondades de sentirte parte de un grupo, de una comunidad, de compartir tiempo y espacio con aquellos que, hasta el despido, te han acompañado; así como asumir el desprecio y rechazo de una empresa que ya no te necesita. Pero el duelo laboral también se experimenta cuando uno anhela con todas sus fuerzas ser el elegido para un puesto de trabajo. El vínculo construido hacia esa posibilidad es el deseo, y cuando el deseo se trunca, la cascada emocional se parece mucho a la de cualquier otro duelo.

**El duelo «identitario»: la renuncia a los sueños y a las metas**
Es otro de esos duelos invisibles que se sufren, muchas veces, en silencio. Despedirse de las metas y objetivos que nos hemos marcado y para los que hemos trabajado un largo tiempo es un duelo doloroso, invalidado y sumamente difícil de poner en marcha; pues, en gran parte, viene precedido por nuestra propia decisión. Somos nosotros quienes debemos decir adiós a la oposición que se nos ha atragantado, a la carrera universitaria para la que no nos da la nota, al lugar idílico en el que soñamos vivir pero que nos podemos permitir, a la profesión

frustrada tan difícil de mantener... En definitiva, a todo eso que nos ha definido durante tanto tiempo, que ha formado parte de nuestra identidad y marcado el camino hasta el momento. Renunciar a los sueños es decirse que no a uno mismo, asumir lo que el resto entenderá como un fracaso, redefinirse y retroceder. ¿Acaso no hay mayor ruptura de expectativas que la de negarse a sí mismo el camino soñado?

## Cuando todo sigue

En cualquier proceso de despedida y ausencia, casi con total probabilidad deberemos enfrentarnos a una idea molesta y sorprendente, y es que la vida sigue a pesar del dolor. Es un horizonte en el que hacemos acto de presencia una vez producida la pérdida y sobre el que fabricamos una presunción presuntuosa y egoísta —no por ello antinatural— que responde a la necesidad de dar un sentido a lo sucedido y a lo que sentimos por lo sucedido. **Cuando perdemos algo o a alguien, a menudo nos sorprende y desconcierta descubrir que, mientras nosotros nos sumergimos en un abismo emocional de dolor y tristeza, el mundo sigue funcionando, girando aparentemente ajeno a nuestro sufrimiento.** En medio del desasosiego se produce una lucha interna por encontrar sentido en un mundo que parece haber perdido el suyo. En esos momentos nos sorprende y desconcierta descubrir que el mundo alrededor, y su gente, sigue adelante mientras nosotros hemos vivido

## HAZLE UN HUECO A LA EMOCIÓN

una pérdida lo suficientemente significativa como para bloquear cualquier posibilidad de hacerlo. Es como si el tiempo se detuviera para nosotros mientras continúa su marcha para los demás. ¿Cómo es posible que la vida se haya parado solo para mí?, ¿que todo siga en movimiento si, cuando miro dentro de mí, todo se ha detenido? ¿Por qué en ningún rincón, me encuentre donde me encuentre, hay cabida para mi sufrimiento? ¿Cómo puedo subirme a una rueda en marcha mientras yo me mantengo quieto, inmóvil ante la incapacidad de seguir?

Esta desconexión entre nuestra experiencia interna y la realidad externa nos puede hacer sentir absolutamente aislados, acompañados de una profunda soledad, atrapados en una burbuja de dolor mientras el resto del mundo sigue adelante. Resulta muy desconcertante, ¿verdad? Ahí es donde aparece la ira, la sensación de injusticia, la necesidad de gritarles a todos el profundo dolor que se siente dentro, la importancia de que todos alrededor lo sientan y padezcan al igual que nosotros. De ahí, también, surge esa forma errática y disruptiva de canalizar el duelo, a través del enfado, el mal humor y el rechazo. ¿Por qué yo no puedo y tú lo puedes todo? ¿Por qué tú no sufres nada mientras que yo lo sufro entero?

Es injusto, cruel, desgarrador incluso, **sentir que el mundo parece indiferente a nuestro dolor.** Pero también es un recordatorio de la relatividad del dolor, de todas las presencias que hacen mella en las ausencias, y las alivian, de lo infinitas que parecen las posibilidades y de que el equilibrio está ahí afuera, donde sigue la vida, donde sigue girando la rueda y todo continúa. Un recordatorio de que, a pesar la sacudida en mi vida, esta no es más que un flujo constante de experiencias.

Detrás del desconcierto por la velocidad a la que gira el mundo mientras a nosotros se nos paraliza enteros, hay la necesidad de ajustar la expectativa confrontada por no hallar un mundo quieto, esperando nuestra recuperación. Al sufrir una pérdida, anhelamos un sentido de orden y control en un intento desesperado por mitigar el dolor, o al menos averiguar cuánto le queda para irse. Queremos que el mundo se detenga y reconozca nuestro sufrimiento, sentirnos vistos y consolados. Esta es quizá la expectativa más complicada de resolver, pero también un avance irremediable e importante hacia la sanación. **Aceptar e integrar esta realidad disonante es un acto de rebeldía, de profunda compasión hacia nosotros mismos.**

## Serotonina y capitalismo

Deslizando el dedo por la aplicación de X, se me quedó grabada una frase maravillosa de @nnistopia: «**No nos falta serotonina, nos sobra capitalismo**». En siete palabras encapsuló a la perfección la disyuntiva cruzada entre la evitación del malestar y la necesidad de producción y rendimiento infinitos, protagonizando una carrera desenfrenada por la felicidad y la cuantificación de los logros en un engranaje que nos devora sin piedad. Con su humilde aportación, @nnistopia desman-

## HAZLE UN HUECO A LA EMOCIÓN

tela de un plumazo la narrativa simplista que culpabiliza al individuo por su malestar, reduciéndolo a un problema químico que se soluciona con pastillas y libros para que le pasen cosas buenas.

Me atrevería a decir que **el malestar emocional lo sentimos para poder parar**. Necesitamos parar de vez en cuando, no estamos hechos para producir constantemente. En realidad, el malestar emocional suele ser el síntoma de una sociedad enferma, de un sistema que nos explota y agota hasta el límite, que no nos deja parar ni cuando fallece alguien importante para nosotros.

El capitalismo, con su vorágine consumista —escrito desde un MacBook Air, ya lo siento— y su culto a la productividad, nos ha inculcado la falsa creencia de que debemos estar siempre bien, siempre activos, siempre generando. Nos ha convencido de que el descanso es una debilidad, y la tristeza, un obstáculo para el éxito. Nos ha robado el derecho a parar, sentir, reflexionar, simplemente ser, a hacerle un hueco al dolor. Pero **parar no significa rendirse, significa resistir**. Significa recuperar el control de nuestro tiempo, de nuestro cuerpo y nuestra mente; desafiar la lógica del sistema, que nos impulsa a sacrificar el bienestar por una falsa promesa de éxito. Parar significa cuidarnos, sanar, construir una vida más humana, más justa y sostenible. Es un acto de rebeldía, un acto revolucionario. Es un grito por una vida más plena y auténtica, más conectada con nosotros mismos y con el mundo alrededor.

DE BRUCES CONTRA LA EXPECTATIVA

# El duelo antes del duelo

Con mi experiencia terapéutica en el acompañamiento del duelo, he desarrollado un concepto para ser capaz de entender mejor la importancia de las expectativas en nuestro comportamiento frente a los duelos. Lo he bautizado como asimilación emocional prematura (AEP), y sería nuestra capacidad para proyectarnos en el futuro y anticipar diferentes escenarios emocionales. Algo así como la **tendencia humana a integrar emocionalmente un futuro anticipado antes de que se concrete, lo que puede generar un choque emocional significativo si la expectativa no se cumple como se había imaginado**. Esta dinámica emocional y cognitiva puede explicar, en parte, la naturaleza anticipada y proactiva de nuestras respuestas emocionales, lo que provoca, a menudo, profundas implicaciones en el bienestar.

Desde una edad temprana, aprendemos a imaginar y anticipar cómo nos sentiríamos en diversas situaciones, y esta habilidad se convierte en una parte integral de nuestra vida emocional. Pero la AEP se distingue de otras teorías sobre la anticipación en la rapidez con la que tendemos a asimilar emocionalmente los futuros anticipados, incluso antes de que se materialicen. Este fenómeno puede incrementarse en situaciones acompañadas de una fuerte expectativa, un férreo deseo de que ocurra algo, o bien una necesidad imperiosa por huir de aquello que está a punto de ocurrir o que acaba de hacerlo. Por ejemplo: un duelo.

## HAZLE UN HUECO A LA EMOCIÓN

La discrepancia entre nuestras emociones anticipadas y la realidad puede generar estrés, ansiedad, frustración, pena, enfado... Un malestar emocional hondo, en definitiva. Además, puede dañar nuestra capacidad para adaptarnos y enfrentar los desafíos, pero conocerlo también es una oportunidad para desarrollar la habilidad de moderar las expectativas y mantener una perspectiva sobre el futuro más equilibrada o, al menos, más realista. No obstante, en el duelo, la regulación de la expectativa no consiste tanto no anticipar, sino en que nuestra necesidad anticipatoria conviva con la posibilidad de que aquello que anticipamos no suceda.

## *Worst case scenario*

*This Is Us* es una de las mejores series de la historia de la televisión. Los protagonistas de uno de los matrimonios de la serie, Randall y Beth, juegan a imaginar el *worst case scenario* —el peor escenario posible— cuando algo les sobrepasa y se desregulan emocionalmente. Esta es una de las técnicas más exitosas para regular expectativas. Consiste en evocar una visualización negativa, es decir, imaginar todas esas cosas terribles que temes que ocurran, las peores de las posibilidades, con el objetivo de reencontrar la serenidad en momentos de incertidumbre. Es una de las técnicas más útiles para regular expectativas.

En un proceso de duelo, la visualización negativa nos permite ajustar las expectativas tras la pérdida haciendo un trabajo de desensibilización frente a sus consecuencias, promoviendo la aptitud psicológica y la resiliencia frente a los desafíos. Por ejemplo, imagina un escenario en el que te sientes completamente solo y abrumado por la tristeza tras una pérdida, contemplando escenas de tu nueva vida —ir al trabajo, volver a un lugar vacío, pasar los fines de semana sin compañía…—. Junto con estos pensamientos, explora las emociones que te sumergen en paralelo, como la desesperanza, la ansiedad o el desamparo. Aquí es necesario planificar una respuesta: ¿cómo manejar y responder a un escenario como este? ¿Qué podría hacer para sanar mi malestar de llegar a existir?, ¿buscando apoyo entre mis seres queridos?, ¿con nuevas rutinas que me satisfagan?, ¿compartiendo mi malestar con otros?, ¿mediante ayuda profesional?

El *worst case scenario* nos permite preparar y planificar respuestas ante escenarios dolorosos, sí, pero en realidad resulta útil porque nos señala los miedos irracionales y permite reducir el catastrofismo con un cambio de perspectiva, poniendo el foco en lo que sí aguardamos mientras no experimentamos el peor de los escenarios.

## Capítulo 5
# TODO LO QUE ME TOCA SENTIR

Hay un momento en el que el mundo sí parece detenerse, unas horas en las que la agitación y el bullicio ensordecedor de la rutina se contienen y nos ceden el espacio para mirar hacia dentro. Es el silencio que caracteriza a la noche, cuando la actividad se desvanece y solo queda el sosiego de la oscuridad, un instante de calma que se siente fugaz mientras estamos dormidos, cuando los sonidos se apagan y las luces se atenúan. En este momento de quietud, emergen nuestros pensamientos más vulnerables y genuinos.

Puede que, alguna vez, hayas sentido que la noche te proporcionaba una sensibilidad especial, te permitía conectar mejor con tus emociones y, por tanto, detectar y describir mejor lo que sentías, comunicar de una forma más clara y reflexiva tus necesidades y recorrer un camino que te permitiera conocerte mejor. La noche tiene una capacidad especial para intensificar nuestras emociones y estimular la creatividad. Trataré de explicarte qué es lo que ocurre al final del día que a todos nos despierta una capacidad especial para conectar con nosotros mismos. Habrás escuchado que nuestro cuerpo tiene una especie de «reloj biológico interno», en el argot científico se conoce como «ciclo circadiano». Este mecanismo regula los patrones de sueño y vigilia a lo largo del día. Durante la noche, el cuerpo experimenta cambios hormonales, como el aumento de la melatonina —conocida como «la hormona del sueño»—. Algunas teorías más biologicistas hallan aquí la razón principal por la que nuestro estado de ánimo cambia y experimentamos una mayor sensibilidad emocional. De hecho, un estudio publicado en la revista *Nature Human Behaviour* encontró que los niveles más altos de melatonina se asocian con una mayor empatía y mayor capacidad para regular las emociones. Otras explicaciones apuntan a la mayor actividad cerebral durante la noche, en áreas como la corteza prefrontal y la amígdala, que están íntimamente relacionadas con la regulación emocional, la creatividad y la toma de decisiones.

Pero acabas de llegar al capítulo 5 de este humilde libro. A estas alturas habrás visto que estas páginas no apuntan a procesos cerebrales, cambios moleculares, áreas del organismo con nombres petulantes y presuntuosos y orígenes orgánicos y biológicos para explicar lo que nos pasa. Todo eso suena genial, pero no suele explicar nada. No pretendo negar el sustrato biológico de nuestro comportamiento, emociones y funcionamiento como seres humanos. En absoluto; ese sustrato biológico nos permite experimentar todo lo que vivimos, pero no es el origen ni la causa única de la conducta. Sin todo lo demás, lo biológico no serviría de nada.

**Explicar la conducta y el comportamiento humanos exclusivamente desde una perspectiva biológica resulta insuficiente para comprender la complejidad de la experiencia humana.** Aunque el sustrato biológico proporciona una base importante para comprender la existencia, muchos más factores adicionales influyen en la conducta y los procesos mentales y emocionales. La teoría del determinismo biológico sostiene que los comportamientos humanos están determinados principalmente por la genética y la biología; sin embargo, el ambiente o contexto juega un papel crucial en la formación y expresión de aquello que nos sucede. Parece una obviedad, pero la psicología defiende estos postulados desde hace décadas, y, aun así, hemos necesitado la elaboración de numerosos estudios para demostrarlo. ¿Cómo no va a ser determinante, tanto o más que la biología, nuestro entorno social, cultural y familiar para el desarrollo de la personalidad, los valores y la toma de decisiones? Si no fuera así, los seres humanos experimentaríamos las mismas cosas y de la misma manera en cualquier lugar del planeta, en cualquier cultura y circunstancia, a cualquier edad. Sin embargo, nuestra percepción del mundo, las prioridades y necesidades personales están condicionadas por nuestra propia experiencia, incluyendo eventos traumáticos, relaciones interpersonales, logros y fracasos personales... La experiencia subjetiva es amplia y compleja, resulta absurdo y muy tramposo reducirla a procesos biológicos. No te fíes de los psicólogos que lo hagan y te vendan libros sobre los secretos de la felicidad y el camino hacia la ausencia de malestar emocional.

Pero tratemos de explicar por qué la noche nos permite conectar con la sensibilidad y la vulnerabilidad, nos hace más emocionales y nos acerca a nosotros mismos. Más allá de la simplicidad de las explicaciones biologicistas, en la noche nos solemos exponer a una menor distorsión de la realidad, en contraste con el día. Durante las horas de luz, estamos más ocupados con actividades, interacciones sociales, obligaciones, compromisos y distracciones externas que condicionan y decoran nuestra percepción de la realidad. Pero cuando el sol se esconde en el horizonte, en un ambiente más tranquilo y con menos estímulos externos, tenemos la oportunidad de reflexionar más profundamente sobre nuestras emociones y experiencias. **Este mayor grado de introspección contribuye a que nos sintamos más emocionales y receptivos a la inspiración.** De hecho, muchos artistas refieren mayores niveles de creatividad por la noche, cuando hay más espacio para la claridad mental, cuando dejamos de procesar experiencias activadoras y empezamos a consolidarlas. Cuando todo se detiene, parece más lógico que nuestra energía se mueva más fácilmente hacia lo emocional. Además, por lo general, la noche ofrece un ambiente de mayor privacidad, soledad e intimidad, y mayor libertad; nos sentimos más capaces y con más espacio para desarrollar actividades como escribir, pintar, escuchar o componer música... Labores o pasatiempos, en definitiva, que están muy relacionados con la expresión y conexión emocional y que están asociados a la noche, pues culturalmente la oscuridad del final del día se asocia comúnmente a la tranquilidad, la contemplación, la intimidad...

Sumergidos en esa oscuridad del silencio y la calma, con la intimidad y distancia que mencionaba, es más sencillo encontrarnos cara a cara con nuestra soledad; por eso el peso del duelo se hace más tangible y la sensación de aislamiento y desolación más abrumadoras. Ahí el mundo sí parece detenerse, y uno se ve luchando a solas contra el dolor, la ausencia y la pérdida. La noche tiene esa capacidad de magnificar la sensación de aislamiento, de desconectarnos del resto para conectarnos con nosotros mismos, con nuestros sentimientos más dolorosos y las emociones más intensas, de hacernos sentir atrapados en un mundo de dolor y tristeza, sin saber adónde dirigirnos ni cómo encontrar consuelo.

Es una cuestión que aqueja habitualmente a la mayoría de los pacientes que están transitando el duelo: al inicio y al final del día sufren un malestar demasiado limitante que no saben controlar, a menos que se pongan en marcha con la rutina o las obligaciones pendientes. El problema es que, por un lado, **aprendemos que para subsistir nos debemos anestesiar**; y, por otro, para poder activarnos y que eso anestesie el dolor, necesitamos una fuerza que el malestar, a menudo, hace desaparecer.

Pero esta dualidad asociada al malestar, y este malestar asociado a la ausencia de actividad, no es solo del duelo. Las personas que lidian con cualquier problema psicológico suelen experimentar un empeoramiento de sus síntomas por la noche y a primera hora del día. Tal fluctuación en la intensidad sintomatológica se debe a una compleja interacción de factores biológicos, psicológicos y ambientales. Además del ritmo circadiano que comentábamos —el cual se puede ver alterado por los problemas emocionales— y de los cambios hormonales —que también experimentan fluctuaciones pronunciadas en el desarrollo de los problemas psicológicos—, hay que tener en cuenta algunos factores emocionales, como la ansiedad anticipatoria o la rumiación nocturna. A primera hora de la mañana es común experimentar una sensación de anticipación y preocupación por lo que depara el día; y en la noche, debido a la conexión emocional, es habitual que las rumiaciones de los pensamientos negativos se abran paso, lo que aumenta las sensaciones de tristeza, la ansiedad, la preocupación, el malestar, el miedo y, por supuesto, acrecienta los problemas para conciliar el sueño. Si le sumas que la actividad o la falta de ella pueden ser, paradójicamente, igualmente estresantes y que la quietud y la falta de distracciones, en ocasiones, no ayudan a regular el estrés, sino al contrario, tenemos el combo perfecto.

## ¿Duelo o depresión?

Cuando al hablar sobre «todo lo que me toca sentir» en un proceso de duelo mencionamos las distintas emociones y sensaciones que se experimentan transitando la pérdida, es normal que uno la sienta como una experiencia depresiva y detecte semejanzas con la experiencia de la depresión como entidad psicológica propia. Ciertamente, son dos experiencias emocionales semejantes en la manera en la que se experimentan, pero con diferencias clave y relevantes a tener en cuenta.

Ana y Carlos están transitando un fuerte malestar emocional por circunstancias distintas. Ambos han sufrido pérdidas bastante significativas para ellos: Ana perdió a su padre hace unos meses, con el que tenía una relación muy íntima, y además trabajaban juntos en la tienda familiar; Carlos fue despedido del trabajo y está muy agobiado porque el dinero se le acaba. Ambos están pasando por un momento de tristeza, desesperanza y desánimo, y sus malestares son circunstanciales: todos esperamos que ninguno de los dos pesares dure indefinidamente o resulte demasiado incapacitante.

Sin embargo, al profundizar en sus experiencias vitales personales, observamos diferencias significativas en cómo sienten y gestionan sus emociones desagradables. Ana, aunque está visiblemente afectada por la pérdida de su padre y no siempre le apetece salir, aún disfruta de pequeñas cosas y encuentra consuelo en el apoyo de amigas y familiares. Por momentos parece que incluso se le olvida lo sucedido, y sigue trabajando en la tienda, que, en realidad, le trae buenos recuerdos. Aunque llora con frecuencia y extraña a su padre —de hecho, sueña casi cada noche con él y se levanta con un nudo en el estómago que le impide comer hasta mediodía—, es capaz de reír al recordar una anécdota divertida y participa en conversaciones que la hacen estar presente.

Por otro lado, Carlos muestra signos de una tristeza más profunda y persistente. A medida que pasan los días y no encuentra trabajo, el joven se vuelve cada vez más retraído y desinteresado por actividades que antes solía disfrutar, como el tenis, salir con sus amigos a tomar unas cañas o ver series tras la cena. Se siente muy desbordado por la desesperanza que experimenta desde el despido, y describe cierta sensación de desamparo al no encontrar un nuevo puesto. Sus amigos notan que ya no es el mismo de antes, tiene problemas para conciliar el sueño y ha dejado de cocinar, así que ahora se alimenta de lo que va pillando en la nevera y de comida precocinada a deshoras.

Ana y Carlos experimentan algunas emociones y experiencias parecidas, como tristeza profunda, llanto frecuente, falta de interés por algunas actividades, cambios en el apetito y el sueño, dificultad para concentrarse, sentimientos de culpa… Sin embargo, lo que le ocurre a Ana es un duelo completamente normativo, caracterizado por una serie de emociones normales en respuesta a la pérdida, como la tristeza, el desánimo, lo mucho que extraña a su padre... Pero todo ello tiende a disminuir con el paso del tiempo, a medida que la persona se adapta a la nueva realidad. **Estos sentimientos, aunque dolorosos, son esenciales para procesar la pérdida y adaptarnos a una nueva realidad** —en esto último profundizaremos en el próximo capítulo—. Además, el malestar aún le permite disfrutar de otras cosas y experimentar momentos agradables. En contraste, la depresión de Carlos se considera un problema psicológico que va más allá de la tristeza temporal e implica una alteración más generalizada del estado de ánimo y la cognición, que interfiere significativamente con el funcionamiento diario y persiste, normalmente, durante meses. **La depresión no está ligada necesariamente a una pérdida específica**, sino que se manifiesta como una nube oscura que ensombrece la vida cotidiana.

La tristeza, tanto en el duelo como en la depresión, puede ser profunda, pero en el primero no es incapacitante de manera persistente, pues permite seguir con las actividades diarias, aunque con menor entusiasmo. La culpa o los remordimientos que puede experimentar Ana están relacionados con la pérdida sufrida, el tiempo perdido o la imposibilidad de recuperar lo perdido. En el caso de Carlos, estos sentimientos tienen más relación con la sensación o percepción de inutilidad o incapacidad de mejorar. En el duelo hay momentos para la esperanza, la expectativa de que el dolor disminuirá y se podrá seguir adelante; mientras que en la depresión, pese a que pueden presentarse momentos de lucidez, el pesimismo o la visión negativa sobre el futuro son más habituales.

La clave para diferenciar el duelo de la depresión podría resumirse en la forma en que se experimenta. La tristeza del duelo llega por oleadas, no es tan persistente y consistente como en la depresión, donde abruma más y afecta significativamente a la capacidad de funcionamiento. Aunque ninguno de ambos procesos emocionales tiene una duración fija o precisa, desde la literatura científica se han establecido algunos márgenes para diferenciar el duelo de la depresión. No obstante, aquí no trabajaremos con tiempos.

El concepto de duelo, por su naturaleza intrínseca, se caracteriza por la ausencia de límites temporales definidos. Esta falta de una duración preestablecida se debe a la complejidad de los procesos emocionales y psicológicos involucrados en la experiencia del duelo; es un proceso altamente individualizado que varía mucho de una persona a otra, influenciado por una serie de factores que incluyen la relación con la pérdida y las circunstancias en las que se produce, el apoyo social disponible y las características personales del doliente, así como sus estrategias de afrontamiento. Además, los factores contextuales, como el entorno social y cultural, también pueden desempeñar un papel importante en la forma en que se experimenta y se procesa el duelo.

# El efecto dominó

El duelo cuenta con otra particularidad interesante que, a menudo, no se prevé ni se tiene en cuenta al enfrentarnos a una pérdida: la experiencia emocional puede compartirse con muchísimas otras personas de nuestro círculo, puede vivirse en paralelo con otros duelos o subduelos que se ramifican en otros sistemas y orbitan en nuestro entorno. Se espera que, al fallecer un ser querido, su pérdida deje un profundo dolor en muchos otros contextos más allá del nuestro: se va nuestro hermano, pero también el hijo de nuestros padres, el padre de sus hijos, el tío de los míos, el amigo de la pandilla o el jefe de la oficina. Cuando muere alguien, se va el vecino de abajo, pero también el primer novio, el amigo de la infancia de mi primo o el cliente que siempre compraba el pan en la panadería. **Un duelo provoca una especie de efecto dominó alrededor con el que va dejando estelas de dolor y sufrimiento y la necesidad de elaborar una reconfiguración de roles.**

Pero no solo ocurre con la muerte. Un duelo por un despido inesperado puede dejar en shock a los compañeros de trabajo que se quedan en la empresa; una ruptura sentimental abrupta puede dejar huérfanos a unos cuantos familiares y a otros tantos amigos. La renuncia a nuestros sueños puede romper la expectativa de quienes nos quieren y rodean, lo que esperaban de nosotros o lo que estábamos dispuestos a hacer o lograr; igual que el duelo por enfermedad, que obliga a quienes rodean al paciente a protagonizar un proceso de reajuste emocional, cognitivo y conductual para adaptarse a las nuevas circunstancias y cumplir con el rol que se espera de ellos como acompañantes de quien padece la enfermedad. Incluso el propio duelo puede provocar la movilización de recursos y el ajuste de expectativas en aquellos que forman parte del entorno del doliente: desde el deber de entender su incapacidad para asimilar la pérdida hasta la necesidad de ofrecer el apoyo y disponibilidad adecuados, pasando por los cuidados que se quieren brindar en momentos como este. Para entender el «efecto dominó» que tiene el duelo entre los que nos rodean, permíteme que te acerque a la teoría de los sistemas.

# Los duelos alrededor de mi duelo

La teoría de los sistemas fue desarrollada en los años setenta del siglo pasado por Bertalanffy, y es un marco conceptual que nos permite sumergirnos en un universo de interconexiones y dinámicas relacionales que dan forma a nuestra experiencia humana. En su esencia, esta teoría es una lente que nos permite contemplar la complejidad de nuestras interacciones y entender cómo influyen en nuestro comportamiento, en nuestras emociones y en la percepción que tenemos del mundo que nos rodea.

Imagina que somos piezas de un gran rompecabezas, cada uno con su forma única y lugar específico dentro de un conjunto más amplio.

## TODO LO QUE ME TOCA SENTIR

Este conjunto es el sistema en el que vivimos: desde la familia, los amigos u otros seres queridos, sin olvidar el trabajo y los ambientes laborales, hasta la sociedad en sí misma. Cada uno de estos sistemas tiene sus propias reglas, sus normas y expectativas, y cada uno influye en nosotros de una manera diferente, igual que nuestro comportamiento tiene una consecuencia en cada uno de los sistemas. Por ejemplo, en el ámbito familiar, podemos ser hijos, hermanos, padres o cónyuges, y cada uno de estos roles viene con sus propias responsabilidades y dinámicas únicas. Nuestros comportamientos y decisiones en el ámbito familiar pueden influir en la propia dinámica familiar, creando un efecto dominó que afecta a todos los miembros. Lo mismo ocurre en el ámbito laboral, donde somos colegas, jefes, empleados o colaboradores. Nuestras acciones en el trabajo tienen un impacto en el equipo y la organización en su conjunto, contribuyendo a crear un ambiente laboral determinado. Pero, al mismo tiempo, las atmósferas laboral y familiar tienen una repercusión en nosotros y en nuestro funcionamiento.

Del mismo modo, cuando nos encontramos inmersos en el proceso de duelo, la experiencia emocional nos obliga a experimentar una serie de interacciones complejas que se entrelazan con los sistemas en los que vivimos. Nuestras pérdidas no solo nos afectan a nosotros mismos, sino que reverberan en nuestros círculos sociales y nuestras comunidades. En nuestros sistemas. Esta teoría nos permite entender cómo las interacciones se desarrollan e influyen en nuestra experiencia de duelo y viceversa. Nuestra forma de relacionarnos con los demás y de compartir nuestro dolor o buscar apoyo, y la conciencia de que nuestros duelos se comparten a menudo con aquellos que nos rodean son determinantes en cómo procesamos la pérdida y nos adaptamos a ella.

Tras sufrir una pérdida, del tipo que sea, solemos enfocar el dolor o malestar en el centro de esa pérdida: en la persona que falta, el lugar que he abandonado, la pareja a la que echo de menos... Pero alrededor de mi pérdida hay un conjunto de circunstancias que también se transformarán o desaparecerán. Existen muchos duelos alrededor de mi duelo, y el ejercicio de aprender a soltar las conductas, los roles, los comportamientos y las funciones que hemos ocupado hasta ahora.

Para comprender verdaderamente la naturaleza de un sistema familiar, no basta con analizar individualmente a cada miembro de la familia, es crucial observar cómo se relacionan entre sí y cómo estas relaciones influyen en el funcionamiento global del sistema. Imagina, de nuevo, que cada parte de un sistema es una pieza de un puzle: por sí sola, una pieza no da demasiadas pistas, pero, cuando la juntas con otras, es más sencillo intuir la imagen completa.

Tras una pérdida, lo habitual es que se desencadene una reestructuración profunda en los sistemas interpersonales a los que pertenecemos, ya que se ven afectados por la pérdida de una de sus partes, lo que genera un desequilibrio que demanda una reorganización de roles y dinámicas. En el contexto del duelo, la interdependencia sistémica cobra especial relevancia. **La pérdida de un miembro de la familia, por ejemplo, no solo impacta emocionalmente en quienes la con-**

**forman, sino que altera el funcionamiento y estructura del sistema familiar en su conjunto.** Los roles que desempeñaba la persona fallecida, sus interacciones y contribuciones al sistema, de repente quedan vacantes, lo que genera un vacío que debe llenarse de alguna manera.

Los miembros del sistema se ven obligados a adaptarse y asumir nuevas funciones o responsabilidades para compensar la ausencia. Por ejemplo, muy a menudo los amigos tratan de brindar un apoyo emocional más intenso a alguien que acaba de dejar su relación de pareja. Así, el sistema se ve impulsado a reorganizarse, de manera temporal o permanente, para restaurar el equilibrio perdido. Este proceso no solo implica ajustes prácticos en las dinámicas familiares o sociales, sino una reconstrucción de la identidad individual y colectiva. Los roles y las relaciones se redefinen, los vínculos se fortalecen o transforman, y se establecen nuevos patrones de interacción que permiten al sistema adaptarse a la nueva realidad.

Laura perdió a su abuela nueve años antes de llegar a mi consulta. Su duelo, más que superado, no formaba parte de la demanda principal. Para realizar una evaluación adecuada, hablamos mucho sobre su estructura familiar y las distintas dinámicas que se daban en la familia, y pronto descubrimos que su abuela había sido, hasta su fallecimiento, la responsable de los principales cuidados en la familia. Su ausencia había dejado al resto huérfano de una guía importantísima, de una matriarca. Y su hueco lo ocupó Laura. Como nieta mayor asumió que era el momento de cuidar del resto de la familia, que tras la muerte de la abuela adoptaron algunas conductas que generaban cierto malestar. Su tendencia a salvar y cuidar del resto, inspirada por la ausencia de su abuela, era uno de los orígenes de su malestar emocional.

El trabajo terapéutico de Laura consistió, principalmente, en soltar ciertas responsabilidades que, tras la muerte de la matriarca, había adoptado como propias. No era su cometido convertirse en la madre de su padre ni en la hija de sus tíos. Su rol —como hija de sus padres y nieta de esta abuela— era seguir ocupando, en la medida de lo posible, el espacio que ocupaba hasta entonces. Y digo «en la medida de lo posible» para no obviar la necesidad de su familia —y de cualquier otro sistema— de reconfigurarse tras el fallecimiento de una figura tan importante. **Es necesario repensar el papel de cada uno y servir de apoyo y compañía al resto para transitar la pérdida de una forma saludable. Pero sin perder de vista nuestras necesidades básicas, nuestro papel en la ausencia.** Porque, si nosotros también desocupamos nuestro espacio, dejamos otro hueco, también huérfano, pero esta vez de nuestra presencia; y un sistema cojo que va a necesitar, de nuevo, encontrar la manera de recomponerse.

# Las dos opciones

Si el duelo es una constante regulación de la expectativa, no será ninguna sorpresa para ti saber que eso lo convierte, entonces, en un proceso absolutamente imprevisible. Es como navegar en un mar de emociones cambiantes que pueden golpearnos sin previo aviso. **Aunque tratemos de prepararnos para el duelo, la realidad es que nunca podemos anticipar completamente cómo nos afectará.** La intensidad y la duración del dolor varían de una persona a otra, también el tipo de experiencias que conlleva. Esta imprevisibilidad del duelo se manifiesta, a la vez, en el modo de presentarse los recuerdos y las emociones asociados con la pérdida. Un día estaremos abrumados por la tristeza y la nostalgia, y quizá al siguiente experimentemos sensaciones placenteras al recordar momentos relacionados con la pérdida. Y esta variabilidad o montaña rusa emocional puede desconcertarnos a veces y hacernos sentir perdidos en un mar de contradicciones.

Uno de los objetivos principales en cualquier proceso de duelo es terminar por aceptar la imprevisibilidad como parte inevitable de la experiencia del duelo, aprendiendo a permitir que las emociones fluyan a través de nosotros sin juzgarlas ni resistirlas. No obstante, resulta paradójico que la naturaleza imprevisible del duelo conviva con una ciencia que lo estudia y comprende, que elabora un camino terapéutico para transitarlo. El hecho de que sea un fenómeno humano profundamente arraigado en la experiencia universal de la pérdida lo convierte en un motivo de estudio y desarrollo científico inevita-

## HAZLE UN HUECO A LA EMOCIÓN

ble, al tiempo que, innegablemente, las reacciones emocionales, los mecanismos de afrontamiento y la duración del proceso varían enormemente de una persona a otra, incluso en una misma a lo largo del tiempo. Esta diversidad de respuestas es un recordatorio de la riqueza y complejidad de las experiencias y los problemas psicológicos, pues ocurre en todos ellos. Las investigaciones han dedicado años de estudio a comprender los procesos emocionales, cognitivos y sociales que subyacen en el duelo, y los profesionales de la salud mental han desarrollado una amplia gama de intervenciones terapéuticas para ayudar a sobrellevar el dolor de manera saludable. Esta dualidad me recuerda a nuestra necesidad ya mencionada de encontrar orden y control en medio del caos emocional. Aunque quizá el duelo sea imprevisible en su manifestación individual, el conocimiento acumulado y las prácticas terapéuticas proporcionan un marco sólido para comprender y abordar el dolor de manera constructiva.

No me gusta hablar de «la mente», «el cerebro» o «la cabeza», prefiero «el organismo», porque somos un todo. Y en ese todo, en nuestra forma de procesar la información, las reglas vitales que rigen el comportamiento —y en las que basamos las conductas— no son solo líneas rectas trazadas en el suelo, son telarañas tejidas con hilos que se han construido con base en las vivencias y emociones experimentadas con anterioridad. Estas telarañas son las referencias con las que contamos para diferenciar lo que está bien de lo que está mal o lo normal de lo anormal, las referencias que utilizamos para establecer nuestras interacciones con el resto y la manera en que deberíamos sentirnos al exponernos a unos u otros estímulos. Son esas telarañas las responsables de que, cuando comenzamos a experimentar emociones perturbadoras —tristeza, malestar o soledad—, planteemos nuestras posibilidades en un camino dicotómico.

La primera opción es la más tentadora e instintiva: eludir el dolor, evitarlo a toda costa. Te ofrece una salida inmediata del malestar, lo cual suena bastante apetecible. Pero es un abandono del dolor momentáneo, a muy corto plazo. A medio y largo plazo, las consecuencias de esta alternativa son devastadoras. Perseguir constantemente un estado de felicidad perenne, tratando de esquivar así el malestar a toda costa, no solo es antinatural y poco realista, también nos sumerge en un ciclo de evasión constante que nos aprisiona en las propias emociones, y **el malestar se convierte así en el centro de nuestra existencia**.

Intentar huir de él sin escatimar esfuerzos nos obliga a renunciar a muchas otras cosas ligadas de un modo u otro a ese malestar. Evitar la pesadumbre y la aflicción no pasa solo ignorar la emoción, también requiere alejarse de los estímulos y disparadores que nos generan esa emoción desagradable: si me da pánico que mi sobrino Mateo se caiga jugando en el parque y se haga daño y consiguientemente decido evitar el malestar que me produce esa posibilidad, probablemente evitar ese malestar implique también no llevarlo al parque y perderme una tarde preciosa junto a él. El propio malestar que trato de evitar se amplifica por las pérdidas que inevitablemente cosechamos en nuestro intento de huir de él. ¿No parece más apropiado encontrar la manera de sostener ese miedo?

## HAZLE UN HUECO A LA EMOCIÓN

Por ejemplo, el malestar que sentimos cuando tenemos un problema con nuestra pareja requiere entablar una conversación incómoda, un ajuste de las cesiones y necesidades, incluso una ruptura. Si evitamos las emociones desagradables asociadas, evitamos también las estrategias de afrontamiento necesarias para resolver y superar el malestar. Es una conducta que, no por paradójica, dejamos de poner en marcha: **evitar el malestar, en última instancia, produce más malestar.**

Pero, como te digo, esta primera opción es la más tentadora y, a corto plazo, resulta muy placentera, por eso todos la escogemos a menudo. Suelo explicar a mis pacientes que la experiencia de la emocionalidad forma parte de un mismo espectro, un mismo continuo, en cuyos extremos se encuentran el malestar y el bienestar: las emociones más desagradables del mundo a un lado y las más placenteras, al otro. En medio de ese espectro, si recorremos ese continuo, encontraremos multitud de emociones que van construyendo el camino que une ambos extremos: desde tristeza, miedo, ira, culpa, ansiedad o frustración hasta alegría, amor, gratitud, esperanza, inspiración o paz. Si desconectases parte de ese espectro, estoy seguro de que te dirigirías a la zona de la izquierda, una zona oscura y siniestra que recoge las primeras emociones de la lista que acabo de enumerar. También estoy convencido de que, en alguna ocasión, has deseado no sentir alguna de ellas y has fantaseado con la idea de que la vida solo pudiera ser agradable. Lo que parece un pensamiento infantil es solo una utopía imposible de hacer realidad, entre otras cosas, porque silenciar o desconectar parte del espectro lo apaga por entero. Es un continuo, no podemos anestesiar solo un trozo. Evitar las emociones desagradables y la vulnerabilidad que conllevan nos obliga, inevitablemente, a escapar también de las emociones agradables. Nos anestesia ante la emoción, ante cualquiera. No parece muy rentable a medio y largo plazo, ¿verdad?

La consecuencia de esta conducta es entrar en una dinámica de evitación del malestar que nos lleva a perdernos cosas importantes en nuestra vida: evito abrirme emocionalmente y conectar con los demás por miedo al rechazo, evito expresarme genuinamente para que no me juzguen, evito oportunidades valiosas por miedo al error. Paradójicamente, esta necesidad permanente de «vivir bien» nos impide vivir, pues todas las conductas que se desprenden de este comportamiento nos proporcionan solo un alivio momentáneo y el malestar vuelve a experimentarse más intenso y extendido, generándonos un sufrimiento innecesario.

## Malestar vs. sufrimiento

Durante todo este viaje te he hablado de la necesidad de convivir con el malestar, y sin embargo ahora te propongo alejarte del sufrimiento. Para entenderlo, cabe diferenciar entre estos dos conceptos, que, aunque parecidos, tienen matices importantes. El malestar es una res-

## HAZLE UN HUECO A LA EMOCIÓN

puesta emocional natural, una señal que nos indica que algo que nos está sucediendo pone en peligro nuestro bienestar, nuestra comodidad o nuestra supervivencia y requiere atención. Se manifiesta de distintas formas —tristeza, ansiedad, enfado, frustración— y, aunque a menudo es incómodo, tiene una función adaptativa. Nos motiva a hacer cambios, a buscar soluciones, a entendernos mejor a nosotros mismos y a nuestras circunstancias. Es transitorio y manejable.

El sufrimiento, por otro lado, es una intensificación del malestar que ocurre cuando nos quedamos atrapados en estas emociones de manera prolongada. Es la diferencia entre sentir tristeza por una pérdida y quedar sumergidos en una profunda y continua desesperación. El sufrimiento puede surgir cuando el malestar se convierte en una narrativa constante en nuestra cognición, nos identificamos demasiado con nuestras emociones desagradables, nos definimos a partir de ellas y toman el control, de algún modo, de nuestra conducta.

Una de las claves para entender la diferencia entre malestar y sufrimiento es reconocer que el malestar, aunque incómodo, es transitorio y manejable. El sufrimiento, en contraste, se siente como una prisión emocional; en él, el malestar no se procesa o maneja de manera efectiva, y, en lugar de actuar como un catalizador para el cambio, se convierte en un estado persistente de dolor emocional. Para entender esta distinción, podemos observar cómo respondemos a nuestras emociones: cuando experimentamos malestar, podemos sentir una incomodidad que nos permite tomar acción; el sufrimiento, en cambio, nos paraliza y atrapa, nos hace sentir impotentes. Para entender la diferencia, también podemos observar qué consecuencias tiene nuestra forma de relacionarnos con las emociones: aceptar el malestar como una respuesta natural a lo que nos pasa es útil para transitarlo, luchar contra aquello que sentimos es lo que nos produce sufrimiento.

## Los valores como ancla emocional

La segunda opción es más desafiante, pero se ha comprobado que resulta más práctica y gratificante a largo plazo. Se trata de vivir sin perseguir un sentimiento o emoción placentero sin más —la alegría o cualquier otra agradable—, de estar más conectado con nuestros valores más profundos, con nuestra forma de interpretar el mundo y con las emociones que resulten de esa coherencia y consistencia moral. **Cuando uno siente lo que le toca sentir y acepta sentir aquello que le corresponde sentir, es cuando puede experimentar esa coherencia y consistencia moral, cuando se puede permitir experimentar un malestar sin que este resulte incapacitante o desbordante.**

La idea no es mía, forma parte de las bases conceptuales que sustentan la terapia de aceptación y compromiso (ACT, por sus siglas en inglés), una de mis grandes referencias en mi manera de trabajar. Este tipo de terapia invita a desafiar los patrones de evitación y rigidez psicológica que nos mantienen atrapados en un ciclo interminable de sufrimiento. Nos anima a abrazar las emociones y experiencias, incluso las más dolorosas, como parte de nuestra naturaleza. Es un viaje arduo y a veces doloroso, pero también el camino hacia una vida más auténtica, significativa y plena. No es un cuento, es evidencia científica. La ACT cuenta con un gran respaldo científico y se ha demostrado que es una de las estrategias terapéuticas favoritas para procesos como el duelo.

A veces he descrito el duelo como un proceso que se experimenta en oleadas. Es una buena metáfora, bastante visual, con la que estoy seguro de que cualquier doliente puede identificarse, pues las emociones asociadas a una experiencia como esta no se sienten permanentemente, sino por momentos, de forma inesperada y precedidos y seguidos por estados de calma y paz. Y, entre esas oleadas, el duelo puede convertirse en un mar embravecido que nos arrastra a la desesperanza y nos convierte en náufragos buscando una forma de tocar tierra firme, confundiendo esa tierra firme con la anestesia del malestar. El problema es que llegar a una isla desierta nos garantiza sobrevivir al ahogamiento, nada más. Una vez allí, podemos poner en marcha una cantidad limitada de estrategias para convertirnos en supervivientes: construir una especie de refugio para resguardarnos del frío y la noche, buscar una manera de hidratarnos, intentar hacer fuego o fabricar una caña para pescar. Todo ello, entretenimientos que nos permitirían sobrevivir con la esperanza de que llegara alguien a rescatarnos cuanto antes, pero con la expectativa de una muerte segura a muy corto plazo. Algo parecido ocurre con **la evitación del malestar: es una especie de entretenimiento que solo logra retrasarlo, pero lo agrava a medio y largo plazo.**

**La aceptación consciente del dolor no es una resignación al sufrimiento, sino una manera de abrirnos a la experiencia del duelo sin juicios ni resistencias.** Aceptar el dolor como parte de la experiencia es la condición *sine qua non* para entender el duelo como la respuesta natural a la pérdida, y nos permite tomar decisiones más alineadas con nuestros valores y emociones, incluso en contextos de dolor, permitiéndonos actuar en consecuencia a ese dolor.

## El autorregistro

Los psicólogos utilizamos muy a menudo la herramienta del autorregistro con los pacientes. Es una tabla que sirve para que monitoricen y registren sus pensamientos, emociones o conductas, encuentren patrones asociados y les permita no solo tomar una conciencia más real y personal sobre lo que sienten y cómo actúan, sino regular y gestionar las emociones y los pensamientos.

La versatilidad de los autorregistros es amplísima y los podemos diseñar como queramos. En el ejemplo propuesto a continuación, puedes registrar situaciones que te generan malestar. Ese malestar va asociado a pensamientos que disparan emociones desagradables. La idea es analizar los pensamientos y sensaciones desagradables en tu proceso de duelo para ajustarlos y convertirlos en otros más realistas que, a su vez, transformen tus emociones y las hagan más amables.

| | |
|---|---|
| Descripción de la situación | Estoy ordenando un trastero y encuentro unas fotos de mi madre recién fallecida. |
| Qué pienso | Nunca superaré la pérdida de mi madre. |

## TODO LO QUE ME TOCA SENTIR

| | |
|---|---|
| Qué siento | Tristeza, angustia, desesperanza. |
| ¿Tengo evidencias que confirman mi pensamiento? | No, no puedo saber si superaré o no su pérdida algún día; además, es demasiado reciente. |
| ¿Estoy basando mi pensamiento en hechos o en emociones? | En emociones: en la tristeza, la angustia y la desesperanza que me provocan las fotos. |
| ¿Es realista mi pensamiento? | No, en tanto que es un pensamiento muy categórico. |
| Pensamiento alternativo | Sentir dolor por la pérdida de mi madre es normal, y puedo sentirlo para siempre. Superar su pérdida consistirá en aprender a vivir con su ausencia, a pesar del dolor. |

# Capítulo 6
# ¿POR QUÉ NECESITO EL DOLOR?

Experimentar coherencia y sentido respecto a nuestro padecer, sabernos con derecho a hacerlo y entenderlo como una respuesta natural o consecuencia esperada ante lo que vivimos es profundamente liberador. Por eso, un pilar fundamental de muchos procesos terapéuticos se centra en validar la experiencia emocional del paciente. También ese será uno de los principales objetivos del capítulo.

## Para qué sirve el dolor

No me gusta la idea categórica de que a la calma la precede la tormenta, o de que para ser feliz hay que haber sufrido con anterioridad. Todo eso no es real, no funciona así en toda circunstancia. Lo que sí es cierto es que, siendo el dolor una respuesta natural ante la pérdida, este tiene una función adaptativa y evolutiva para el procesamiento emocional de la experiencia de duelo. Es decir, no sientes dolor de forma gratuita: sirve para algo, lo sientes por un motivo.

Para ello sería una buena idea analizar una de las cuestiones psicológicas más prevalentes y más presentes en el imaginario colectivo de la población en general, el problema psicológico por antonomasia que cualquiera de nosotros usa como referencia al hablar del malestar emocional: la depresión. La depresión es un problema psicológico que afecta a la percepción del individuo sobre sí mismo, del mundo que lo rodea y su futuro, al bienestar emocional y al funcionamiento general de quien lo experimenta. **Incluso un malestar tan profundo como el de aquel que experimenta una depresión tiene, en algún sentido, una función adaptativa.** Las conductas de quienes experimentan una depresión pertenecen a un repertorio conductual que cuenta con un conjunto de objetivos arraigados en el más primitivo instinto de supervivencia de nuestra especie. En el ámbito de la salud mental, tradicionalmente se ha prestado mayor atención a la búsqueda de las causas biológicas de los llamados «trastornos psicológicos», así como el establecimiento de criterios diagnósticos precisos para identificarlos. Sin embargo, en los últimos años ha surgido un creciente interés por comprender la función adaptativa de estos problemas, lo que ha abierto nuevas perspectivas en la investigación científica y en la práctica terapéutica. Enfocarse en esta área implica explorar cómo estos síntomas o comportamientos, aparentemente disfuncionales, pueden ser

## ¿POR QUÉ NECESITO EL DOLOR?

beneficiosos para nuestra especie. Así, podemos ir más allá de una simple descripción sintomatológica y comprender las razones subyacentes por las que estos mecanismos persisten en la experiencia humana a lo largo de los siglos. Al mismo tiempo, es posible desarrollar estrategias terapéuticas más efectivas y personalizadas; pues en lugar de, simplemente, dedicar todos los esfuerzos a suprimir o eliminar los síntomas, podemos enfocarnos en modificar o redirigir estos mecanismos adaptativos a formas más saludables y funcionales. Ello no implica negar la importancia de los factores biológicos o ambientales en el desarrollo de los problemas psicológicos. **Que la depresión tenga una función no quiere decir que sea saludable o agradable.** Tampoco es un modo de romantizar la depresión, y mucho menos de restarle importancia, valor o gravedad. Es solo un cambio de paradigma que nos permite entender mejor cómo funciona esta experiencia emocional, cognitiva y conductual. Estas son algunas de las manifestaciones del malestar emocional —en la depresión, pero también en el duelo— y su sentido adaptativo:

| Manifestación del malestar | Sentido adaptativo |
|---|---|
| Sentimientos de tristeza, vacío o desesperanza que pueden durar la mayor parte del día, casi todos los días. | Puede servir como señal de alerta de que algo no está bien en el entorno del individuo. Un estado de ánimo deprimido, dentro de unos márgenes coherentes, puede llevarnos a reevaluar la situación y a tomar medidas para mejorarla. Es como la fiebre provocada por cualquier enfermedad. |

## HAZLE UN HUECO A LA EMOCIÓN

| Manifestación del malestar | Sentido adaptativo |
|---|---|
| Pérdida de interés en actividades que solían ser placenteras, como aficiones, eventos sociales o relaciones interpersonales. | Puede funcionar como estrategia para conservar energía y recursos en tiempos de dificultad. Al disminuir la participación en actividades no esenciales, uno puede centrarse en las tareas y responsabilidades más esenciales para la supervivencia. |
| Aumento o disminución significativa del apetito, que resulta en cambios de peso no intencionales. | Pueden estar relacionados con la adaptación a la disponibilidad de recursos alimenticios en el entorno. En tiempos de escasez, la disminución del apetito puede ayudar a conservar los recursos disponibles; el aumento del apetito puede compensar la falta de nutrición, su precariedad, las reservas para momentos de escasez. |
| Dificultad para conciliar el sueño, permanecer dormido o despertar temprano en la mañana. | Puede permitirnos o estar más alerta en periodos críticos o de peligro cuando tenemos insomnio o bien desconectarnos de la realidad y el sufrimiento cuando pasamos más tiempo cansados y dormidos. |

## ¿POR QUÉ NECESITO EL DOLOR?

| Manifestación del malestar | Sentido adaptativo |
|---|---|
| Cambios en la actividad física que pueden manifestarse como agitación, inquietud, irritabilidad o lo contrario: lentitud, parsimonia o bloqueo. | La activación puede estar relacionada con la preparación para la acción o la búsqueda de soluciones; la lentitud puede servir para conservar energía y reducir riesgos. |
| Sensación de cansancio o falta de energía. | Parecida a las inmediatamente anteriores, tiene un matiz diferente: la fatiga puede ser una señal de que el cuerpo necesita descanso y recuperación. De hecho, en tiempos de estrés prolongado, el cansancio puede proteger al individuo de la sobreexposición y el agotamiento. |
| Pensamientos de inutilidad, autoacusaciones excesivas o sentimientos de culpa. | Pueden estar relacionados con la adaptación social y la cohesión del grupo. Al reconocer y aceptar la responsabilidad por acciones que podrían haber contribuido a situaciones adversas, podemos fortalecer los lazos sociales y restaurar el equilibrio en las relaciones interpersonales. |

## HAZLE UN HUECO A LA EMOCIÓN

| Manifestación del malestar | Sentido adaptativo |
|---|---|
| Dificultad para concentrarse, recordar detalles o tomar decisiones. | Puede ser una respuesta adaptativa a la sobrecarga cognitiva o al estrés emocional. En tiempos de crisis, la capacidad de priorizar la información puede ser crucial para la supervivencia. |
| Pensamientos sobre la muerte, el suicidio o hacerse daño a uno mismo. | Aunque estos pensamientos puedan parecer contrarios a la supervivencia, pueden suponer una forma extrema de escapar del sufrimiento emocional insoportable, pues están relacionados con la búsqueda de alivio del malestar. |

Esta enumeración de síntomas o experiencias emocionales, si bien se presenta en procesos depresivos, de forma aislada no sirve como estrategia diagnóstica alguna. Así pues, a pesar de sentirte identificado o identificada con algunos de ellos, no significa necesariamente que estés pasando por una depresión. No obstante, si conectas con esta descripción, sería aconsejable explorar origen de ese malestar, cómo se manifiesta y quién podría ayudarte a sobrellevarlo.

Como ves, hay un repertorio de conductas útiles en momentos de activación extrema, estrés, tristeza, bloqueo emocional y agitación. Es importante conocer el valor adaptativo y funcional de estas manifestaciones, porque **entender la utilidad del malestar simplifica mucho hacerle un hueco, sostenerlo, transitarlo, aceptarlo, asumirlo e integrarlo como parte de nuestra experiencia como humanos.**

## ¿POR QUÉ NECESITO EL DOLOR?

Ahora que sabes que el malestar tiene una razón de ser y que puede llegar a ser útil en algún sentido, no parece muy razonable querer escapar de él a toda costa, ¿no crees? En lugar de percibirlo como un enemigo o amenaza que debe evitarse, parece más inteligente identificarlo como un buen aliado. Fíjate cómo cambia el paradigma: de reprimir o negar nuestras emociones más difíciles a aprender a acogerlas con compasión y paciencia.

Al leer estas palabras, quizá sientas que trato de restarle importancia o profundidad a una cuestión tan dolorosa como procesar un duelo, sufrir una depresión o experimentar un grave malestar. Nada más lejos de la realidad. Entender que mi cuerpo tiene codificada una forma de reaccionar, a veces extrema, ante una serie de estímulos o circunstancias externas, y que esa reacción tiene un propósito y una explicación coherentes, más allá de producirme un malestar insoportable, ya es liberador. Para mí, como psicólogo, integrar esta idea es el primer paso para superar un malestar.

En este punto, retomemos las etapas o fases del duelo, ahora como referencia para estudiar qué sentido tiene transitarlas, aunque sepamos que estas son solo pinceladas generales en un tapiz de emociones más complejas y de experiencias individuales.

**Negación**

La negación, como primera reacción ante la pérdida, desempeña una función crucial en el proceso de duelo desde una perspectiva evolutiva. Al enfrentarnos al primer impacto de una pérdida significativa, nuestro instinto de supervivencia se activa para protegernos de la sacudida emocional inmediata. **Buscar refugio en la incredulidad es una forma de negar lo sucedido, un mecanismo para amortiguar el dolor abrumador que amenaza con ahogarnos.** La negación nos permite, de hecho, procesar la pérdida de manera gradual, proporcionando un espacio temporal en el que asimilar la información de manera más manejable. Es como un filtro emocional para enfrentar la realidad a nuestro ritmo, evitando una confrontación emocional demasiado abrumadora desde el principio. Aunque parezca una forma de escapismo, la negación es el primer paso crucial para la adaptación al cambio y la pérdida.

**Enfado**

La fase de enfado o ira, que en esta conceptualización rígida e impersonal sigue a la negación, desempeña una función adaptativa al permitirnos expresar las emociones intensas surgidas de la pérdida. La rabia, frustración e impotencia son respuestas naturales ante la percepción subjetiva de injusticia que tenemos de la situación. **Esta emocionalidad tiene una función: comenzar a desvincularnos emocionalmente de aquello que nos mantenía unidos a la pérdida.** Si te odio, no quiero estar cerca de ti. Si me enrabieta lo sucedido, quiero desvincularme de ello cuanto antes. No es necesario romper el vínculo, pero los mecanismos de defensa buscan una fórmula para evitar el dolor tan desagradable que supone aceptar una pérdida. Al expresar nuestra ira, establecemos límites emocionales y psicológicos que nos permiten procesar la pérdida de manera más saludable. Además, el acto de externalizarla sirve como un catalizador para el proceso de duelo, facilita la transición hacia etapas de aceptación y adaptación, porque el enfado se siente mucho mejor que la tristeza.

**Negociación**

Esta fase, aunque puede ser vista como una forma de posponer la aceptación, cumple una función importante: permite buscar soluciones y alternativas para mitigar el dolor y la tristeza. Aquí no hablamos de evitar el malestar, sino de mitigarlo. De hecho, la negociación es el mecanismo que me permite ir adaptándome a la pérdida de una forma saludable, pues **brinda una sensación temporal de control y esperanza, lo que ayuda a calmar la incertidumbre y ansiedad asociadas a la pérdida**. Al comprometernos con cambios o promesas en un intento de recuperar lo perdido —o lo que perdemos como consecuencia de la pérdida—, estamos reconociendo nuestra vulnerabilidad y buscando activamente formas de adaptarnos a la nueva realidad. Aunque las negociaciones pueden ser irracionales o ilusorias, nos mantienen activos en el proceso de duelo mientras buscamos sentido y significado a la pérdida.

**Tristeza**

La tristeza, como una fase en sí misma del duelo, tiene una función adaptativa al permitirnos procesar y aceptar la realidad. Si se presenta como fase, es la que da sentido a que el duelo se represente como todo aquello que necesito experimentar para procesar lo ocurrido. A medida que abandonamos la esperanza de recuperar lo perdido —o todo lo que perdimos como consecuencia de la pérdida—, quizá nos sintamos profundamente desalentados y desesperanzados. **La tristeza nos permite honrar y recordar lo que hemos perdido, y comenzar el proceso de adaptación a una vida sin esa presencia.** La tristeza nos conecta con nuestra humanidad compartida y ayuda a procesar saludablemente emociones difíciles. A través del llanto, si aparece, reclamamos atención. La tristeza es visible, sirve para que los demás nos vean tristes y detecten nuestras necesidades de apoyo y compañía.

**Aceptación**

Finalmente, la fase de aceptación representa el proceso final del duelo, en el que llegamos a aceptar la realidad de la pérdida con todas sus implicaciones. La aceptación no significa olvidar o dejar de sentir dolor, sino reconocer y aceptar la nueva realidad reconciliándonos con el malestar. La aceptación nos libera del peso emocional de la pérdida para seguir adelante con nuestras vidas. **Al integrar la pérdida en nuestra identidad y experiencia, podemos encontrar un significado diferente a lo sucedido.** Aunque el proceso de duelo nunca termina realmente, la aceptación ofrece una sensación de cierre y permite avanzar con más esperanza hacia el futuro.

Si tuviera que resumir en una frase la función adaptativa de un proceso depresivo, diría que es la de parar y recuperarse. La incapacidad por seguir enfrentándose a los desafíos de la vida con fuerza y la capacidad de elaborar recursos es el modo que tiene el cuerpo de detenernos para regularse y volver a empezar. Pues algo parecido ocurre con el duelo.

## La culpa

En los ocho martes que conviví con quienes participaron en el grupo de terapia de duelo, una de las emociones que encontré más presentes era la culpa. La culpa por no haber hecho suficiente por la persona fallecida o no haber aprovechado el tiempo con ella, la culpa por no haber detectado antes que mi pareja no me hacía bien, por no recuperarme todavía, incluso la culpa por sentirme suficientemente recuperado cuando todos esperan que esté triste... La culpa una y otra vez. Así que les expliqué el sentido de toda esa culpa y para qué puede ser útil.

La culpa es una emoción compleja que surge cuando percibimos que hemos cometido un error, que hemos violado alguna norma moral, ética o social, o que las cosas vividas podrían haber sucedido de otro modo si hubiésemos actuado de una forma distinta. Se compone de sentimientos de remordimiento, autoacusación y responsabilidad por un error o acción considerados incorrectos. Sentirla es una experiencia emocional incómoda, pero, en realidad, actúa como una alerta interna sobre acciones o comportamientos que, en teoría, han podido dañar nuestra relación con el entorno, y nos lleva a reconsiderar nuestras acciones y a corregir nuestro comportamiento en el futuro. En última instancia, la culpa nos brinda mayor sensación de control, porque nos dice sin cesar que había una forma mejor de actuar; que, en realidad, tenemos más margen de maniobra y que, en el futuro, debemos aprovecharlo. Esto es una falacia, casi nunca es realista, pero la presencia de esta emoción desagradable nos permite, en algún sentido, reducir la activación y la sensación de incertidumbre para poder continuar. Al menos, a corto plazo.

A medio y largo plazo, esta emoción en el duelo hace estragos en nuestro comportamiento, porque nos engaña y hace creer que la pérdida es nuestra responsabilidad, o bien podría no haber sucedido, o bien podría haberse producido de otro modo, y eso nos invita a sentir un remordimiento infinito, injustificado, y promueve una necesidad de autocontrol utópica, casi imposible de satisfacer. Y, con todo, tiene un sentido sentirla, **sirve para que nuestro yo más primitivo e inmediato crea tenerlo todo bajo control**, a pesar de que su precio sea tan desagradable.

Para los dolientes, oír de dónde viene esa culpa, por qué aparece, qué intenta hacernos sentir y con qué función nace, ya resultó especialmente liberador. No soltaron la culpa inmediatamente, ni mucho menos, pero entonces, cuando la sentían, la vivían desde otro lugar. Y, sobre todo, la entendían.

¿POR QUÉ NECESITO EL DOLOR?

# Las emociones hay que habitarlas, no evitarlas

Si el duelo me hace sentir todo lo que necesito sentir para procesar la pérdida, se puede concluir que **las emociones hay que habitarlas, no evitarlas**. Las emociones son componentes fundamentales de la experiencia humana, y su papel va más allá de añadir color y profundidad a la vida. Ahora ya sabes que las emociones, incluso las desagradables, son señales adaptativas que nos brindan información valiosa sobre el entorno y nuestro mundo interior. El psicólogo William Worden, estudioso del duelo y sus implicaciones, resumía la elaboración del duelo en cuatro tareas: la aceptación de la pérdida, el sostenimiento de la emoción, la adaptación a un medio en el que ya no existe lo perdido y la recolocación de la ausencia. Los humanos somos capaces de traspasar estas cuatro pantallas a través de la experiencia emocional. O sea, **sintiendo**. Ni más ni menos.

La idea de habitar las emociones, en lugar de evitarlas, implica un enfoque consciente y receptivo hacia nuestras experiencias emocionales. En lugar de suprimir o negar las emociones difíciles, se trata de permitirnos sentirlas plenamente, sin juzgarlas ni intentar cambiarlas de inmediato. Sin embargo, vivir desde este enfoque es difícil porque, a veces, puede parecer contraintuitivo, especialmente al tratarse del miedo, la tristeza o el dolor en su conjunto.

Intentar evitar o suprimir las emociones es como tratar de tapar un agujero en un dique: tarde o temprano, la presión se acumula y la emoción emerge, incluso con más intensidad y descontrol. Si les hacemos el hueco necesario, el paso inmediatamente posterior es una mayor autoconciencia, autoaceptación y resiliencia emocional. **Si nos permitimos sentir lo que sentimos, podemos aprender a manejar las emociones con más efectividad, reduciendo su control sobre nosotros** y cultivando una mayor sensación de bienestar emocional en el proceso. Por supuesto, hablamos siempre de emociones que, pese a ser desagradables, son medianamente manejables. Cuando experimentamos sensaciones desbordantes y desgarradoras, la contención emocional parece más apropiada para que el malestar no apunte directamente contra nuestra salud.

## Aceptar no es conformarse, es dar espacio

No quisiera que creyeras erróneamente que aceptar o transitar el malestar es una forma de resignarse ante él, o incluso de experimentar cierta indiferencia a la posible recuperación o sanación del dolor. En este punto, me gustaría mencionar uno de los duelos más difíciles y complicados de transitar, para muchos de nosotros inimaginable y que casi cualquiera entiende como antinatural o injusto: el duelo por la pérdida de un hijo. Sobre lo indebido de vivir tal situación o sobre el momento en que la muerte debe o no llegar a la vida de

## ¿POR QUÉ NECESITO EL DOLOR?

alguien profundizaremos más adelante, pero antes debo tratar de responder a esas madres y a esos padres que quizá estén leyendo estas líneas y se pregunten cómo darle espacio a un dolor tan desgarrador como el de perder a un hijo. Cómo darle un sentido a eso. Me atrevería a decir que la pérdida de un hijo desafía profundamente nuestra comprensión del mundo, es el mayor ajuste de expectativas al que alguien puede enfrentarse. En un momento tan devastador, la idea de aceptar el malestar parece imposible, incluso insensible. Sin embargo, **aceptar no es conformarse, resignarse, sentirse indiferente. Aceptar es reconocer la profundidad del dolor, integrarlo y darle espacio.** Aceptar no es darle permiso a la vida para arrebatarnos un vínculo como este, sino darnos permiso a nosotros mismos para sentir lo que es natural sentir.

Aceptar el malestar por la pérdida es permitirse sentir todas las emociones que surgen de esta experiencia, ya sean de tristeza, ira, culpa, desesperación o cualquier otra, siempre con la contención adecuada en casos necesarios, y preferiblemente acompañados de una buena red de apoyo. No se trata de negar o suprimir estas emociones, sino de permitir su existencia plenamente, sin juzgarlas ni tratar de cambiarlas. Es permitirse llorar, gritar, lamentarse y expresar el dolor auténticamente y sin reservas, reconociendo y honrando, al mismo tiempo, el vínculo único e imborrable. A través de esa autopermisión, podemos encontrar formas saludables de procesar y expresar el dolor.

A veces, la sanación no pasa por la desaparición del dolor, a veces se encuentra en la posibilidad de canalizarlo a través de la expresión del malestar. Por eso, un padre o una madre que ha visto a un hijo morir no dejará de sentir dolor por la pérdida, por mucho tiempo que pase. Y por ese mismo motivo necesitará encontrar la manera de convivir y procesarlo de forma indefinida.

**La tristeza, la angustia y la desesperanza no son intrusos indeseados en nuestra vida, sino que son las respuestas naturales a algunas de las circunstancias que vivimos.** En realidad, es un acto de valentía permitirse sentir y explorar cada emoción, incluso aquellas que preferiríamos evitar. Y esto no significa rendirse ante el sufrimiento, sino reconocerlo como parte inherente de la vida y encontrar formas de trascenderlo.

## ¿Para qué sirve un paraguas?

Imagina que estás en el corazón de una ciudad bulliciosa en un día de tormenta. Las nubes grises cubren el cielo y la lluvia cae con una intensidad que jamás habías visto, acompañada de ráfagas de viento que te empujan en todas direcciones. Te sientes en mitad de un tornado, en el epicentro de un huracán, aunque solo es una tormenta repentina como consecuencia del cambio climático. No obstante, y a pesar de la sorpresa, agradeces a tu yo del pasado haberte preparado para el clima adverso, pues siempre llevas en la mochila, de forma preventiva, un pequeño paraguas.

## ¿POR QUÉ NECESITO EL DOLOR?

Lo sostienes firmemente esperando que te proteja de la furia de la tormenta; sin embargo, a medida que te aventuras por las calles llenas de charcos y aire feroz, adviertes la inutilidad de tu intento por desafiar a la naturaleza. El viento azota el paraguas con una fuerza descomunal, lo dobla y retuerce a cada ráfaga, a punto de arrancarlo de tus manos en cualquier momento. A pesar de tus esfuerzos por mantenerlo en alto, la lluvia encuentra su camino a través de los pequeños huecos y pronto estás empapado hasta los huesos, con el agua recorriendo tu rostro y los zapatos encharcados.

Te sientes frustrado y agotado por la lucha constante contra la tormenta. Cada paso es una batalla contra todo, de un lado para otro, y te das cuenta de lo absurdo que es tratar de controlar algo tan poderoso e impredecible como el clima. Entonces, en un momento de claridad, decides dejar de forcejear con el paraguas y simplemente aceptas la realidad de la tormenta. ¿Cuántas veces te has visto en una igual? Yo, en no pocas ocasiones.

Con un suspiro de alivio, sueltas el paraguas y permites que caiga al suelo con un golpe sordo. Te detienes un momento para sentir la lluvia en tu piel, escuchar el sonido de las gotas golpeando el suelo y observar los charcos que se forman a tu alrededor. A pesar de la incomodidad inicial, notas que estar bajo la lluvia sin el paraguas no es tan terrible como pensabas. Es agua, al fin y al cabo.

A cada paso bajo la lluvia, comienzas a sentir una sensación de liberación y conexión con el mundo que te rodea. Aceptas el hecho de que la tormenta está fuera de tu control y comprendes lo agotador y frustrante que era luchar bajo el paraguas destrozado por el temporal. En lugar de evitar el agua, la integras como parte de tu experiencia de hoy. Al final, regresas a casa empapado, pero en paz. Has aprendido que, a veces, el mejor modo de sobrevivir a tal tormenta es dejar el paraguas en la mochila, calarte hasta el fondo y recuperar una temperatura adecuada al llegar a casa.

Con el malestar emocional ocurre exactamente lo mismo, querido o querida lector. El dolor en el duelo funciona de la misma manera. **Te vas a mojar igualmente. No necesitas llevar un paraguas que te haga creer que te protegerá del sufrimiento mientras el viento y la lluvia arremeten contra tus defensas.** Parece menos cansado, extenuante y abrumador permitirse sentir el agua, que es solo agua —es únicamente dolor—, aunque resulte muy incómodo a corto plazo, sabiendo que en algún momento llegarás a casa y podrás ponerte a salvo, secarte la humedad y protegerte del frío, que podrás arroparte con ayuda de los tuyos en un espacio seguro.

**Ni siquiera el mejor paraguas del mundo te podrá salvar de una tormenta indomable.**

## La caja de recuerdos

Para hacerle un hueco al dolor, puedes empezar por hacérselo de manera física y tangible. La caja de recuerdos es una técnica clásica para trabajar los duelos, consiste en recopilar distintos recuerdos, objetos, fotos, escritos, dibujos o pertenencias de la persona perdida o relacionados con lo perdido. El objetivo de esta técnica es materializar físicamente un lugar que «guarde» mi malestar con todas aquellas cosas palpables, visibles, que tengan alguna relación con la pérdida.

Elige una caja que tenga algún significado para ti, o que simplemente sea bonita, agradable o cómoda, y deposita en ella todo lo que te haga conectar con tu dolor. Elige también un lugar en el que dejar la caja mientras no la uses. Si es un lugar visible, mejor. La idea es que integres la existencia de esa caja en tu cotidianidad, la presencia del malestar en tu día a día, y que puedas convivir con ello sin que resulte desbordante.

Cuando conectes con tu malestar, puedes acercarte a la caja, abrirla y revisitar los objetos y recuerdos que te llevan a lo perdido. Es una forma de darle espacio al malestar, pero también de localizar ese hueco en un lugar físico, que no te impida el paso, que no te frene ni bloquee tu camino. Que simplemente ocupe un vacío conviviente con tu propia vida.

## HAZLE UN HUECO A LA EMOCIÓN

La construcción de la caja es especialmente recomendable cuando no hay un lugar físico próximo que me permita elaborar y procesar mi pérdida —un cementerio, el bar al que siempre íbamos, la oficina de la que me echaron, la casa de la que me mudé— o cuando la emocionalidad asociada al duelo sea dispar y tome forma de una manera irregular, impidiendo la ventilación y el desahogo.

Capítulo 7
# ¿QUÉ SE SUPONE QUE SIGNIFICA «SOLTAR»?

Lo has escuchado muchas veces, pero no tienes ni idea de qué significa exactamente, qué implicaciones conlleva y, aún menos, cómo se hace. «Debes soltar», «Tienes que dejar ir, dejar marchar, fluir», te han repetido una y otra vez, como una receta mágica y universal en el proceso de recuperación y sanación de un duelo. Quizá incluso estés bastante harto o harta de oír cosas parecidas, de sostener los consejos inocuos y vacíos de significado. Efectivamente, «soltar» es uno de los comodines empleados con frecuencia en el contexto del duelo y la pérdida, a menudo muy vagamente.

En el mundo actual, que solo busca soluciones rápidas y respuestas claras, el acto de «soltar» puede parecer vago, incluso paradójico. ¿Cómo puede una conducta tan aparentemente pasiva producir un impacto significativo en un proceso tan profundamente doloroso como el duelo?

## HAZLE UN HUECO A LA EMOCIÓN

En este rinconcito construido entre tú y yo mientras me lees, no hay espacio para renunciar a las emociones dolorosas. Por tanto, te puedes imaginar que **soltar no es evitar el malestar o desprenderse de los recuerdos asociados a la pérdida.** Soltar no es sinónimo de olvidar, dejar ir o aceptar. Cada uno de estos conceptos implica una perspectiva única y tiene implicaciones distintas en nuestro viaje por el duelo.

**Soltar vs. olvidar**
Soltar se refiere al acto de permitirnos sentir y experimentar plenamente las emociones relacionadas con la pérdida, sin tratar de suprimirlas o negarlas; es un proceso activo y consciente de aceptación de nuestras emociones y circunstancias tal como son. Olvidar implica dejar de recordar o de pensar en la pérdida; es más pasivo y puede resultar de la negación o el intento de evitar el dolor emocional. Mientras que soltar nos invita a enfrentar las emociones de frente, olvidar puede ser una forma de escapar de ellas.

**Soltar vs. dejar ir**
Dejar ir implica liberarse de los apegos, vínculos y expectativas que nos atan, de algún modo, a un pasado relacionado con la pérdida, creyendo que es el camino necesario para avanzar sin cargar con el peso asociado. Pero es un concepto tramposo. En el duelo no necesitamos desvincularnos emocionalmente de lo perdido, al menos no siempre ni radicalmente. Más bien se trata de darle un sentido y un espacio

## ¿QUÉ SE SUPONE QUE SIGNIFICA «SOLTAR»?

diferente al vínculo, de convertirlo en algo distinto. Por tanto, no necesitamos dejar ir.

**Soltar vs. aceptar**

La aceptación —si bien es un componente clave en el proceso de duelo— no se iguala al concepto de soltar, y tiene implicaciones distintas y escenarios diferentes en los que presentarse. Aceptar la realidad de la pérdida significa sanar mi relación con la ausencia, pero no implica necesariamente estar de acuerdo con lo que ha sucedido, sino encontrar una manera de vivir con ello y elaborar un significado para nuestra experiencia. Soltamos cuando no nos resistimos, aceptamos después de haber soltado y haber sobrevivido a ello.

Soltar implica renunciar a la lucha contra la realidad de la pérdida, por eso es la antesala de la aceptación. Es muy común que una persona en duelo se aferre a la esperanza de que la situación podría revertirse de alguna manera —como se explicó en esa especie de «fase de negación» al inicio de la elaboración de la pérdida—, o que sienta que podría haber hecho algo para evitar la pérdida —como vimos en el capítulo anterior cuando hablábamos de la culpa—. Sin embargo, soltar es aceptar la realidad tal como es, incluso cuando es dolorosa o la sentimos como injusta, y permitir que el proceso de duelo siga su curso sin resistencia. Es dejar de lado la necesidad de controlar o cambiar lo que ya ha sucedido. Y, aunque lo haya descrito como un proceso más activo que otros, en realidad no siempre depende de la propia voluntad.

HAZLE UN HUECO A LA EMOCIÓN

# Nuestras resistencias

Parece paradójico dejar que el duelo continúe su curso natural mientras hablamos de un proceso —el de soltar— contrario a lo que ocurre en las primeras fases del duelo —aferrarse a la corrección de lo sucedido—. Es decir, el proceso natural del duelo nos generará una serie de resistencias que al principio se entenderán como funcionales o adaptativas, pero que más adelante nos impedirán que soltemos. Algunas de las resistencias internas que pueden obstaculizar el proceso ya las conoces:

1. Negación de la realidad de la pérdida.
2. Sentimiento de injusticia.
3. Miedo al malestar emocional.
4. Vergüenza por sentirse vulnerable o necesitado de ayuda.
5. Sensación de pérdida de control.
6. Miedo al cambio que supone la pérdida.
7. Culpa y remordimiento por lo que implica soltar.
8. Apego emocional hacia lo perdido.
9. Miedo a olvidar o traicionar, a la soledad…
10. Dudas sobre la propia capacidad para sobrellevar el duelo de una forma saludable.
11. Expectativas poco realistas sobre el proceso de duelo.
12. Rol de cuidador: la responsabilidad de sostener y cuidar a los demás.

## ¿QUÉ SE SUPONE QUE SIGNIFICA «SOLTAR»?

El proceso de duelo implica enfrentarse a una realidad alterada, y aterradora para algunos de nosotros, pues nos invita a entrar por la puerta de una vida diferente y desconocida. **Si tengo miedo al cambio, lo lógico es que elija aferrarme al pasado y resistirme a soltar, incluso sabiendo que es necesario para sanar.** Esta conciencia y elección contradictorias, a veces, funcionan como un castigo que justifica la culpa y el remordimiento: me aferro al dolor y así pago por mis pecados imperdonables. **Si no me muevo de aquí, si sigo conectado a lo perdido desde el bloqueo y la resistencia, entonces no perderé el vínculo, no me olvidaré de él, de ella o de esto, podré estar preparado para la próxima vez, preservaré el legado de la ausencia, mantendré viva su memoria y no sentiré que traiciono mi propia herida.** O, al menos, eso es lo que el proceso de la pérdida nos hace creer erróneamente. Siguiendo la metáfora del final del capítulo anterior, es como si decidiera permanecer quieto, frente al portal de mi casa, mientras la lluvia cae encima de mí, sin resguardarme ni hacer nada para llegar a mi destino. Simplemente quieto y bloqueado, enrabietado por empaparme, calado hasta los huesos, sin abrir el paraguas, pero tampoco moviéndome hacia otro lugar.

¿Cómo va a ser sencillo soltar si nuestro organismo reacciona con mogollón de miedos como mecanismo de defensa para protegernos? **El duelo es un reto constante contra uno mismo**, contra una realidad que casi nunca es elegida y contra un sistema que pretende ponernos en marcha sin respiro alguno.

HAZLE UN HUECO A LA EMOCIÓN

# La narrativa coherente

Las personas no podemos evitar relatar lo que nos sucede, y a veces en el duelo se desarrolla una tendencia a elaborar pensamientos relacionados con la pérdida que no se ajustan del todo a la realidad y que nos impiden soltar.

> Pedro, de treinta y cuatro años, llegó a consulta seis meses después de que su vida cambiara para siempre. Una de las últimas veces que habló con Miguel, su hermano menor, este le contó que se iba «de excursión» —como él decía— con sus compañeros de escalada a conocer parte de la Amazonia. Empezó como una aventura emocionante, pero fue el último viaje de Miguel. Unas lluvias torrenciales, con sus consecuentes inundaciones, acabaron con la vida de los integrantes del grupo. Todos ellos desaparecieron.
>
> Nunca encontraron sus cadáveres. A Pedro esto le servía como un salvoconducto emocional, un hilo del que tirar y aferrarse a la posibilidad de que su hermano siguiera vivo: un accidente que mantiene a Miguel con vida luchando por sobrevivir solo en la selva, un secuestro de una tribu desconocida, una desaparición voluntaria… Pedro no podía aceptar de ningún modo la pérdida de su hermano.

## ¿QUÉ SE SUPONE QUE SIGNIFICA «SOLTAR»?

Ni una sola prueba, ni un solo indicio, evidencia o sospecha hacía creer que Miguel no hubiera muerto en estas inundaciones. Todo lo contrario: el camino que él y sus amigos recorrieron previamente, el testimonio de algunos testigos y sus geolocalizaciones minutos antes del desastre hacían presagiar lo peor. Sin embargo, para Pedro, la idea de que su hermano pudiera seguir vivo se convirtió en una realidad plausible. Esta esperanza era una narrativa reconfortante para él, una forma de lidiar con el dolor abrumador de la pérdida. Le permitía seguir adelante, alimentando la ilusión. Sin embargo, también lo mantenía atrapado en un estado de negación y evitación, impidiéndole aceptar la pérdida.

Este caso, que traté en consulta y que, por supuesto, no es del todo real —he ficcionado los detalles para que ni sus identidades ni la tragedia sean reconocidas en ningún caso—, es un ejemplo algo extremo del fenómeno psicológico al que nos vemos expuestos a menudo en nuestro día a día y que, por supuesto, podemos experimentar en un proceso de duelo, aunque en formas algo más sutiles y disimuladas en nuestro repertorio cognitivo. Hablo de la necesidad humana de rellenar los huecos de información con datos, narrativas y explicaciones que den un sentido a la experiencia. **Encontrar un significado a lo que vivimos es fundamental para nuestra comprensión del mundo.** La coherencia a la que aspiramos cuando satisfacemos esta

## HAZLE UN HUECO A LA EMOCIÓN

necesidad nos brinda mayor sensación de control y, en última instancia, nos empodera. Nos ayuda a organizar y comprender mejor el mundo y lo que sucede alrededor, a construir una narrativa coherente con nosotros mismos, un marco de referencia para interpretar nuestras experiencias, entender quiénes somos, por qué hacemos lo que hacemos o por qué nos pasa lo que nos pasa. Si encuentro un significado a lo que me sucede, si logro contextualizarlo, me será más fácil identificar cuáles son mis valores, hacia dónde camino, qué persigo en la vida y cuál es mi propósito.

Vivimos en un contexto complejo y caótico, constantemente nos enfrentamos a una gran cantidad de estímulos e información. Para procesarla de manera apropiada y tomar decisiones que nos ayuden a sobrevivir, buscamos patrones y conexiones que permitan construir el puzle. Cómo no hacerlo si tenemos una capacidad especial para reflexionar sobre nuestras experiencias y extraer aprendizajes.

En el duelo, reinterpretar una experiencia dolorosa nos facilita procesar mejor las emociones, incluso puede servir como catalizador para la propia recuperación. Pero, cuando no cuento con la información objetiva y necesaria para hacer coherente una experiencia, incluso puedo llegar a inventarla. Para entender esto, hay que explicar que nuestra percepción del mundo está influenciada por una serie de factores, incluyendo nuestras experiencias pasadas, creencias, expectativas y emociones. Cuando nos enfrentamos a una situación en la que falta información clara o precisa, buscamos llenar esos vacíos con detalles que consideramos coherentes o consistentes con nuestras experiencias

## ¿QUÉ SE SUPONE QUE SIGNIFICA «SOLTAR»?

previas y la forma en que entendemos el mundo, con suposiciones y conjeturas que encajen con los esquemas mentales preexistentes. Puede que hayas oído hablar del sesgo de confirmación: es la tendencia que nos lleva a buscar, interpretar y recordar información que confirma nuestras creencias o ideas preexistentes, mientras que ignoramos o desvalorizamos la información que las contradice. Forma parte de este proceso en el que tratamos de reducir constantemente la ambigüedad del contexto. Tenemos aversión a la incertidumbre, y no hay mayor incertidumbre que cuando nuestra percepción choca constantemente contra todo tipo de expectativas. **Cuando nuestros pilares fundamentales se tambalean, necesitamos restaurar un sentido de seguridad y estabilidad**, como le pasaba a Pedro con su hermano desaparecido. Su estrategia de afrontamiento adaptativa pasaba por aferrarse a la idea de que su hermano seguía vivo. Esto le permitía, por un lado, conservar la esperanza de reencontrarse con él algún día; es decir, negar la realidad de la pérdida; y, por otro, darle un sentido a la experiencia del momento: ¿cómo es posible que mi hermano haya fallecido si nadie lo ha visto muerto? ¿Cómo debo asimilar una realidad que nadie ha podido confirmar? ¿Qué proceso de integración debo llevar a cabo si una parte de mí es incapaz de comprender un concepto como el de la muerte ante una realidad que me devuelve una imagen distorsionada? Lo que tiene sentido para mí, en este escenario, es explicar lo que sucede en un contexto de desaparición: mi hermano no está conmigo porque alguien le ha hecho daño, porque ha decidido escapar, porque está sobreviviendo en un entorno sin los medios para contactar conmigo, pero en ningún caso porque esté muerto, pues eso significaría afrontar una tristeza demasiado intensa.

El caso de Pedro es extremo, pero la elaboración de narrativas sustentadas únicamente en nuestra propia percepción de las cosas es más que habitual en nuestra cotidianidad y en la del resto de los duelos: desde la construcción de una historia perfectamente coherente con tu imaginario sobre los motivos que llevó a tu ex a romper contigo hasta la autoconfirmación acerca de lo que siente esa amiga que dejó de hablarte.

En los procesos terapéuticos de duelo, la necesidad de darle un sentido a la experiencia es una tarea casi imprescindible, de la que hablaremos detalladamente en el último tramo del libro. No obstante, la forma de afrontar el duelo de Pedro es adaptativa al principio, pero no es útil a medio y largo plazo, pues solo retrasa la elaboración del duelo. Lo mismo ocurre cuando la ruptura con nuestra pareja nos despierta un enfado u odio muy profundos —en rupturas normativas, por supuesto, no en contextos con algún tipo de maltrato, abuso o especial desprecio—. Estas emociones, a largo plazo, nos mantienen unidos a la pérdida de una forma poco saludable y no nos posibilitan integrarla.

El mecanismo de defensa de Pedro trata de evitarle el sufrimiento negándole una realidad. No hacerle ese espacio al dolor es un precio demasiado alto, pues no permite procesar lo ocurrido y retrasa el proceso de reajuste emocional. Cuando nos aferramos obstinadamente a nuestras expectativas, nos volvemos vulnerables a la frustración,

### ¿QUÉ SE SUPONE QUE SIGNIFICA «SOLTAR»?

la decepción y el sufrimiento, se prolonga el dolor, se distorsiona la percepción e impide la elaboración del camino. Por eso resulta tan importante hacer el ejercicio de desligarse de los pensamientos que nos aferran a realidades difíciles de sostener, ya sea porque no tenemos evidencias para justificarlas, ya sea porque nos limitan el tránsito del proceso de duelo.

Existe una línea muy fina entre darle un sentido a la experiencia y construir una narrativa que nos resulte disfuncional a largo plazo. **Soltar es un ejercicio que nos permite no traspasar esa línea, cultivar la flexibilidad psicológica y adaptarnos mejor a la realidad.**

## Vivir haciendo malabares

Asumir la necesidad de soltar puede aferrarnos a un ideal de fortaleza y control, o de presión social por «superar» rápidamente la pérdida. Es muy común sentirnos atrapados en un baile entre lo que creemos que deberíamos sentir y lo que realmente experimentamos, entre lo que los demás esperan que sintamos o la forma en que actuemos y nuestra manera de vivir el duelo, entre lo que esperamos nosotros de ellos y lo que ellos están dispuestos a ofrecernos. Esta dicotomía crea un espacio de disonancia emocional, donde la autenticidad se ve eclipsada por la necesidad de cumplir con un guion preestablecido, inventado y construido a través de intuiciones, convencionalismos y mandatos

## HAZLE UN HUECO A LA EMOCIÓN

familiares enraizados en narrativas culturales y normas socialmente aceptadas. «Así es como se siente el duelo, dura tanto tiempo y solo se experimenta en estas circunstancias. Y punto».

En el proceso terapéutico del duelo —y de casi cualquier cuestión psicológica—, el desafío siempre consistirá en encontrar un equilibrio. O, más bien, en poder sostener la búsqueda del equilibrio. Esa armonía o ecuanimidad mantenida es casi una utopía, por eso algunos de mis pacientes reconocerán que a veces hablo de «hacer malabares». Es la imagen que me viene a la cabeza al pensar en los intentos por mantener el equilibrio: un malabarista en la cuerda floja lidiando con las leyes de la gravedad. En la vida real, este juego circense se materializa en **un ajuste constante de nuestras prioridades, adaptándonos a las circunstancias cambiantes y conciliando demandas y responsabilidades**. En el equilibrio entre el caos y la armonía, la posibilidad de honrar las propias emociones y necesidades mientras navegamos las expectativas ajenas e individuales es un acto de valentía y autenticidad.

Si el duelo es un proceso único y personal, debería permitirme vivirlo desde mi experiencia, liberándome de limitaciones impuestas, aceptando las propias y encontrando genuinidad en mi manera de ser. Así que sí: **el ejercicio de soltar también pasa por tratar de no encajar en ninguna forma preestablecida de sentir**. Dicho así, parece fácil: solo se trata de ser y dejarse llevar por la propia experiencia emocional. Sin embargo, esa manera de procesar las emociones se ha castigado toda nuestra vida. Las reacciones ajenas a las que hemos sido

## ¿QUÉ SE SUPONE QUE SIGNIFICA «SOLTAR»?

expuestos han pulido y manipulado nuestra forma de expresarnos a través de nuestras emociones y conductas. Cómo vamos a permitirnos llorar ahora, si hemos crecido escuchando a nuestros cuidadores rogándonos que no lo hiciéramos; cómo vamos a expresar nuestras necesidades, si al hacerlo nos decían que no sabíamos convivir con la autoridad; cómo vamos a mostrarnos vulnerables, si la vulnerabilidad se ha entendido como una forma de debilidad y la debilidad tiene tan mala prensa —como si nuestra valía dependiera de demostrar una gran fortaleza—. Soltar toda una historia de aprendizaje y reforzamiento no es tan fácil como abrir el puño y estirar la mano.

## Hablar para soltar

Imagina que tu cabeza es un complejo archivo donde se almacenan todos tus pensamientos, emociones y recuerdos. Uno de esos lugares llenos de cajones deslizantes, carpetas, papeles y torres de metal que albergan información confidencial. Cuando te enfrentas a un periodo difícil, una experiencia traumática o una situación compleja y desbordante emocionalmente, el evento parece desordenarlo todo. Es como si entraras de nuevo en el archivo después del paso de un huracán, un terremoto o un torbellino. Estos papeles, que son en realidad nuestros pensamientos, sentimientos y memorias, están mezclados, desorganizados y dispersos de una forma caótica. Y conviene entrar a recogerlos, ordenarlos, reconstruir las estanterías y engrasar los cajones para devolverles la funcionalidad. Para que todo adquiera un sentido.

En los procesos traumáticos, como pueden serlo los duelos, verbalizar lo ocurrido y compartir el relato es una forma de entrar al archivo y poner orden. Hablar sobre la pérdida, expresar cómo nos sentimos y articular nuestras experiencias es un acto que nos permite liberar el peso de las emociones, que nos permite soltar, y recolocar y ordenar nuestra experiencia de una forma saludable. **Poner palabras a nuestra historia permite externalizar el dolor.** Verbalizar nuestra experiencia le da forma y estructura, lo intangible se vuelve tangible, lo informe se define. Y el poder de todo ello es inmenso, nos permite entender mejor lo que sentimos y armar una perspectiva y orientación que nos resulten útiles y adaptativas. Así nos concedemos la oportunidad de reflexionar sobre la ausencia, de explorar sus vértices y reconocer de esta manera su impacto.

Es casi como añadir una dimensión más al proceso de sanación, pues también permitimos, con nuestro ejercicio, **hacer la historia más comprensible para los demás, exponernos más a la validación del resto, sabernos acompañados, menos solos, más aliviados de la carga emocional.** Compartir nos conecta, fortalece nuestros vínculos y el sentido de pertenencia, nos devuelve una imagen en forma de enjambre, de red de apoyo. Este proceso de articulación evita que nos estanquemos en un ciclo de dolor y sufrimiento, y nos ayuda, en cambio, a ver nuestra pérdida como parte de nuestra historia. Hablar es un acto de autocompasión y autocuidado, porque valida nuestro dolor en

## ¿QUÉ SE SUPONE QUE SIGNIFICA «SOLTAR»?

lugar de reprimirlo o negarlo. Es una forma de abandonar el control y la resistencia, una forma de soltar.

El proceso de soltar en el duelo es como despojarse de un peso invisible que hemos llevado durante un tiempo, a veces demasiado. Es liberarse de las cadenas autoimpuestas, así como de las expectativas ajenas, es dejar de aferrarse a los viejos patrones y prejuicios sobre el sufrimiento y la pérdida, y abrirse a una experimentación del dolor más auténtica y genuina. Y no, **no va de romantizar el sufrimiento, sino dejar de luchar contra lo inevitable.** Soltar implica liberarse de la necesidad de ocupar un espacio que no nos pertenece, permitirnos ser quienes somos realmente, liberarse de las ideas preconcebidas o los prejuicios sobre cómo deberíamos vivir la pérdida. Es un acto de liberación y empoderamiento, incluso de rebeldía, que nos permite vivir más conectados con la propia identidad. **Soltar significa ser, de una forma más honesta y sincera, más coherente y necesaria. Más real. Más tú.**

HAZLE UN HUECO A LA EMOCIÓN

## La carta de despedida

La carta de despedida es una técnica terapéutica utilizada en el proceso de duelo para ayudar a las personas a expresar sus sentimientos y pensamientos respecto a la pérdida. Consiste en escribir una carta dirigida a la persona o situación que ya no está, que hemos perdido, y expresar en ella agradecimientos, disculpas, sentimientos no expresados o despedidas finales. Puede utilizarse simplemente como un elemento de desahogo en el que manifestar las emociones experimentadas y que sirva como un cierre emocional del vínculo. Además, escribir en estos contextos siempre ayuda a reconocer y validar la pérdida, es un recurso de liberación emocional fantástico.

No hay normas para escribir esta carta. Te animo a que lo hagas de manera abierta y honesta contigo mismo. Simplemente coge papel y boli y escribe. ¿Qué sientes sobre lo que te ha ocurrido? ¿Qué te ha quedado por decir? ¿Cómo son esa culpa o las angustias que hay dentro de ti? ¿Qué necesitas expresar después de todo?

Capítulo 8
# APRENDER A VIVIR CON LA MUERTE

Vas a morir. Esa es tu única certeza. Nadie puede garantizarte con tanta seguridad ninguna otra cosa en esta vida como la posibilidad de morir en cualquier momento. Vas a morir y, además, seguramente no esperes que ocurra cuando suceda. Puede ser que te pille desprevenido, que no te dé tiempo a despedirte ni a prepararte para el final y que sientas que aún es demasiado pronto. Eso último, solo si te llega la muerte desde el lugar de la conciencia, porque probablemente sucederá sin que te enteres. Ahora estás; parpadeas, y ya no estás. Así ocurre en la mayoría de los casos. La gente se va como quien se duerme. El sueño más profundo que experimentaremos, el menos reparador de todos.

Aunque creo firmemente que los duelos son diversos y que el ajuste de la pérdida no solo tiene que ver con los fallecimientos, sino con otros fenómenos vitales que experimentamos en diversas circunstancias, me es inevitable dedicar un apartado a la muerte, a los miedos que nos despierta y a la forma de conceptualizarla. **La muerte es nuestra única certeza**; sin embargo, hablar de ella es un tabú. La evitamos en nuestras conversaciones cotidianas y la censuramos al sentirla de cerca bajo la falsa creencia de que, si no la mencionamos, no existe. Si no la convocamos, no sucede. Es incómoda, es dolorosa, desconocida, desgarradora, pero vivir de espaldas a ella conlleva parte de la responsabilidad en la prolongación de los procesos de duelo por fallecimiento. Y por eso necesitamos hacerle un hueco a la muerte en este libro.

Qué absurdo parece negar la muerte en nuestra cotidianidad, como si tratáramos de escapar de su inevitabilidad. Qué irracional resulta idealizar la juventud y temer al envejecimiento mientras percibimos la muerte como algo distante, casi irreal y destinada a cualquier persona ajena a nosotros. La muerte es eso que pasa, pero no nos pasa; es esa desgracia que viven otros, no nosotros. Es la circunstancia que damos por hecho para ellos o incluso para los míos, pero quizá no tanto para mí. Somos incapaces de darle el espacio, no ya el que merece, sino el que ocupa en nuestras vidas sin permiso e irremediablemente.

Adentrarse en el concepto de la muerte es como sumergirse en un océano de incertidumbre y especulación. ¿Qué sucede realmente cuando morimos? ¿Existe algo más allá de la oscuridad? ¿Duele? ¿Asusta? ¿Es verdad que a la muerte le sigue una especie de sensación de paz y armonía eternas? ¿Significa eso que existe un dios, un cielo o algo parecido? Todas ellas, preguntas que llevan siglos de historia atormentando a filósofos y científicos, a la humanidad en general. La muerte es nuestra única certeza, sí, pero también un gran enigma, el horizonte final que genera tanta desconfianza. La incerteza sobre lo que sucede tras la muerte ha sido un tema constante de especulación en cada cultura, en la totalidad de las religiones y en cualquier momento histórico. El paraíso, la reencarnación, la fusión con el universo, un supuesto limbo, la posibilidad del infierno... Demasiadas dudas y una gran sensación de incertidumbre cuando, en realidad, todas las evidencias apuntan a que lo que ocurre tras la muerte es... nada. Simplemente se apaga la vida. Se detiene el ciclo. Se paraliza todo, para siempre.

# No hay una edad para morirse

¿Qué te parece si te propongo morir a los noventa y cinco años? Sin dolor, sin sufrimiento ni agonía. Un día cualquiera a tus noventa y cinco, cuando llega la noche, te vas a dormir y no despiertas nunca más. Has disfrutado de una vida medianamente placentera, agradable, duradera, con sus más y sus menos, pero completa. Has viajado, te has enamorado varias veces, has llorado de la risa, también has lamentado algunas pérdidas y alguien te hizo daño alguna vez, pero te sientes satisfecho o satisfecha. Las personas de tu alrededor lloran tu muerte, pero con compasión, sin tragedia. Esperaban que ocurriera en algún momento debido a tu avanzada edad y todos han ido asumiendo últimamente la idea de que compartían contigo tus últimos años de vida. No suena nada mal, ¿no? Algo así desea el común de los mortales para el final de su existencia, incluso puede que muchos de nosotros imaginemos así la muerte, no ya como un deseo, sino casi como una súplica.

En España, en 2021 —el último año que recoge la serie histórica al escribir este libro—, según la Organización Mundial de la Salud, alrededor del 70 por ciento de las muertes fueron de personas mayores de setenta y cinco años. El porcentaje se reduce al 65 por ciento en 2019, justo antes de que comenzara la pandemia de COVID-19. Aun así, es un porcentaje que atender: más de la mitad de las personas en España fallecen en la vejez. Por tanto, no parece tan extraño esperar que uno muera en la comúnmente conocida como «la última etapa de la vida». Sin embargo, un 35 por ciento de personas fallece a una edad mucho más temprana, más de veinte años antes que la edad barajada antes como óptima para morir. Esto dibuja una realidad en la que, aunque lo más común es morir siendo mayor, casi cuatro de cada diez personas se despiden de este mundo antes de conocer la vejez.

La estadística apunta que lo habitual es morir siendo una persona mayor, pero la realidad es que... **no hay una edad para morirse**, grábatelo a fuego. Puede resultarte decepcionante, incluso aterrador, pero es la única verdad. Nacemos sin que nadie nos garantice cuánto tiempo viviremos ni en qué momento vamos a morir. **No hay una meta,** un objetivo, una edad o momento vital que debamos alcanzar para tener una vida plena, para haber completado un ciclo. A veces vivimos como si nuestra misión fuera sobrevivir hasta determinada edad, como si la vida careciera de sentido si morimos antes de convertirnos en viejecitos. Sentimos una profunda injusticia cuando alguien muere «siendo joven», y utilizamos fórmulas verbales tan engañosas y dañinas para el bienestar y que manipulan tanto nuestra percepción como «Se fue demasiado pronto» o «Aún no era su momento». Como si realmente existiera un momento ideal para morir.

Hay una idea que, no por sencilla y cierta, es menos reveladora: **un bebé ya tiene edad para morirse**. Es una reflexión difícil de verbalizar, una realidad muy dura de asumir, porque un bebé es una persona indefensa, dependiente, sin espacio para la maldad, el juicio o la deshonestidad y para el que proyectamos un sinfín de expectativas que, de finalizar su vida, no podrá alcanzar. Pero, ciertamente, la posibilidad de la muerte nos iguala a todos y a todas porque, de forma natural, nos acompaña bajo las mismas normas y con las mismas reglas —aunque luego las influencien y condicionen circunstancias contextuales, claro—. La muerte es posible desde el instante del nacimiento. Incluso desde antes de nacer. Pienso en todos los embarazos que no terminan con un alumbramiento, en esas madres y padres que perdieron a sus bebés antes de conocerlos, en esas personas gestantes que tuvieron que parir a sus hijos e hijas sin vida. **La muerte está ahí, presente, desde el principio.** Incluso desde antes del principio. Darle la espalda a esta idea es una de esas cosas que invalidan los duelos gestacionales, como te hablé en capítulos anteriores. Sí, los bebés mueren, incluso antes de nacer. Y es importante hablarlo para que las madres y los padres que transitan un duelo gestacional puedan darle sentido a su experiencia e integren la pérdida como lo que es.

Es normal que aceptar esta idea se sienta como una forma de permisión o resignación que nos aleja de proteger el instinto de supervivencia; es normal pensar que, si asumo la muerte como natural, doy también un sentido de justicia a una circunstancia que por naturaleza considero injusta. Pero, ciertamente, en términos de mortalidad, la justicia e injusticia no existen: **no es más justo morir con noventa y cinco años que con dieciséis.**

La justicia aplica a las acciones humanas y a las interacciones sociales. Consideramos que algo es justo si corresponde a nuestros valores morales y expectativas. Pero la muerte no es una acción ni una interacción, es un fenómeno natural, el resultado de la vida, una parte ineludible del ciclo vital de cualquier ser vivo. Atribuirle una idea de justicia a la muerte es proyectar nuestros conceptos humanos sobre algo que trasciende nuestras categorías morales. Pero el anhelo de justicia en la muerte es natural y nace de la necesidad de hallar sentido a lo que nos pasa. Nuestros códigos cognitivos nos invitan a pensar que el universo, la vida o *llámalocomoquieras* opera bajo principios que consideramos justos o injustos, y la muerte de una persona joven parece romper con estas expectativas, generando una sensación de desamparo. ¿Cómo confiar en un sentido de orden si en lo que ocurre alrededor no hallo sentido? La naturaleza no funciona bajo nuestros principios de justicia, se moviliza bajo sus propias leyes: únicas y, en muchas ocasiones, arbitrarias.

**Todo esto no riñe con la necesidad de reconocer que el dolor por la muerte «temprana» es legítimo y necesario de experimentar, pero calificar una muerte como justa o injusta añade una capa de sufrimiento al duelo.** Parece mucho más útil para la experiencia emocional cambiar la búsqueda de justicia en la muerte por la búsqueda de sentido en la vida. Cada vida, sin importar su duración, tiene un valor intrínseco, es valiosa por sí misma, y puede estar llena de significado. **La vida no es menos vida por vivir menos tiempo.** Es importante *per se*, merece su espacio, dure lo que dure. No existe una edad predefinida, un momento vital preestablecido en el que no quede ya más nada por hacer, por decir, por vivir. Siempre hay espacio para seguir acumulando experiencias, siempre queda tiempo y sendero para ser feliz y vivir plenamente. «Vivirlo todo» o «vivir todo lo que me correspondía» son posibilidades que solo podemos definir cuando llega la muerte, que solo tienen sentido y son tangibles una vez que terminan. **No puedes saber cuántos metros eres capaz de correr en quince segundos hasta que no pasas quince segundos corriendo.**

Sé que, al mencionar la posibilidad de que fallezca un niño o una adolescente, cualquiera de nosotros se horroriza al instante, naturalmente. Y sé que proponer soltar el concepto de justicia o distanciarse de la desesperación, en estos contextos, puede resultar perturbador, conflictivo, incluso frívolo. Pero también sé que, a estas alturas de la lectura, has conectado ya con mi sensibilidad y prudencia, y sabes que no pretendo herir la fibra de ningún lector o lectora con nada de lo que planteo. El dolor por lo conocido como una «muerte temprana» es tan válido y natural como real es la naturaleza de la muerte. Toda muerte producida al margen de nuestras expectativas sociales y que se aleja de lo esperable respecto al ciclo vital se entiende como un fracaso, una tragedia, el producto de la mala suerte, como una auténtica pena. Pero estadísticamente tan solo es algo menos probable que fallecer en la vejez.

Que la muerte se entienda como una desgracia nos genera una frustración imposible de sostener y gestionar. Nada podemos hacer, debido a su irremediabilidad. De algún modo, si la muerte para mí es un accidente fortuito, algo que no debería haber ocurrido, cognitivamente hablando habito en una utopía, me aferro a un imposible y decido ejercer control sobre un hecho incontrolable. Es como correr en una cinta ergométrica esperando llegar a algún sitio.

Quizá te resulte deprimente hacerle un hueco a la muerte, o te dé algo de miedo, pero **modificar de forma activa tus pensamientos asociados a la muerte puede cambiar significativamente tu relación con ella y hacerte la vida un poco más amable**.

Lo que piensas sobre la muerte condiciona tu experiencia emocional en torno a ella y el comportamiento que se desata como consecuencia: el miedo, la evitación, el desgarro emocional ante la pérdida de alguien... En este capítulo te invito a cambiar tu relación con la muerte, a que pensarla o hallarla alrededor sea una experiencia menos perturbadora, a que entenderla como irremediable te permita vivirla de otra forma mucho más útil y práctica. A que tomar conciencia de ella y tenerla presente no sea incompatible con tratar de vivir plenamente. Desear disfrutar de una vida larga y trabajar para lograrlo —llevando una vida saludable, protegiéndonos de los peligros, asistiéndonos médicamente cuando sea necesario— es un motor maravilloso para lograr nuestras metas y tener una calidad de vida notable. Pero **el objetivo último de la vida no es vivir mucho tiempo o morir muy tarde, es vivir.** Únicamente vivir, preferiblemente bien.

La terapia cognitivo-conductual —una de las corrientes psicológicas con más evidencia científica y, por ende, de las más implementadas en el ejercicio profesional— plantea que nuestros pensamientos, emociones y conductas están interconectados y se influyen mutuamente. Los pensamientos son el punto de partida de las emociones y conductas que los siguen, así que cambiar lo que pensamos puede ayudarnos a sentir y actuar de un modo menos dañino.

# El miedo a morir

Cada día que pasa estás más cerca de la muerte. Cada minuto que inviertes en leer este libro es un minuto perdido, que no volverá y te acerca al irremediable final. Como decía hace un rato, la muerte no tiene por qué avisar, y vivir de espaldas a ella es una ignorancia activa, selectiva e inútil que te conduce exactamente al mismo lugar. Cuando, desde el presente, se logra conectar realmente con la unidireccionalidad de nuestro camino, cuando se contempla en el horizonte la muerte como nuestra única meta real y certera, un escalofrío recorre el cuerpo de muchas personas. Es normal, muchas cosas de la muerte nos pueden asustar: la incertidumbre sobre cuándo llegará, cómo se producirá, si dolerá o no, qué ocurrirá después, qué legado habremos dejado, cómo se cuidará nuestra gente sin nosotros... Un montón de cosas imposibles de averiguar ni predecir. **Nos preocupa lo desconocido como si hubiera alguna forma de conocerlo**; por tanto, esa frustración e incomodidad termina siendo imposible de resolver, la incertidumbre no se satisface y el malestar permanece.

La muerte es uno de mis temas favoritos. Creo que incomoda mucho, quizá por eso me guste tanto. Me he cruzado con demasiadas personas que evitan incluso mencionarla. «Prefiero ni pensarlo», he escuchado en muchas ocasiones, junto con respuestas como «qué desagradable», «quita, quita, no digas eso», «qué cenizo» o «qué necesidad tenemos de hablar de esto». Como si mencionar la muerte la atrajera, como si tocarse la cabeza o rozar algún objeto de madera pudiera retrasarla.

No, no te morirás más pronto por culpa de este capítulo. **Pensar en la muerte, en realidad, tiene beneficios psicológicos** muy evidentes: si tengo en vista el final, puedo concentrarme más y mejor en hacer del presente algo más significativo, puedo asegurarme de vivir una vida más plena, de elegir cómo la quiero vivir y de construir un propósito valioso para mí. Esta toma de conciencia permite reevaluar nuestras prioridades, nuestros valores, decisiones y necesidades; nos permite ser más auténticos, en definitiva, y cuidar el legado que queremos dejar antes de marcharnos. Pero también nos empuja a cuidar nuestros vínculos, a arreglar cuestiones administrativas a tiempo o a transmitir al resto nuestras últimas voluntades, cómo queremos ser despedidos o qué nos gustaría que ocurriese con nuestra huella. A medida que damos espacio a la muerte, el miedo a perder la vida —o a que otros la pierdan— se va transformando poco a poco en un motor que nos permite vivir más conectados con nosotros mismos.

## La nada

Cuando me preguntan si le tengo miedo a la muerte, siempre contesto que no. Y la gente se sorprende, incrédula: «Eso es imposible, el miedo a morir es humano». Por supuesto que lo es. No solo es natural, sino que además tiene un sentido adaptativo: el miedo es un mecanismo de supervivencia, nos impulsa a evitar situaciones peligrosas y a conservar la vida. Además, hay que tener en cuenta el maldito contexto, que todo lo condiciona: **en una sociedad en que la muerte se presenta como un evento trágico rodeado de tabúes, lo esperable es no querer ni oír hablar de ella.** El miedo a lo desconocido —en medio de nuestra

## HAZLE UN HUECO A LA EMOCIÓN

necesidad de hallar patrones y certezas— y el apego a lo contrario alimentan nuestra preocupación. Pero morir no es solo enfrentarse a lo desconocido. También es enfrentarse al tiempo finito y a la necesidad de hacer, decir y vivir todo lo que nos queda por hacer, decir y vivir, enfrentarse a no completar nuestras metas. La perspectiva de una vida inacabada o insatisfecha nos genera urgencia y arrepentimiento, pero es una sensación falsa: **en la nada no puedes sentir que dejaste algo pendiente.**

Para muchos, la idea de que después de la muerte no exista nada, de que la conciencia simplemente se apaga y la vida se detiene irrevocablemente, es inquietante. La noción de «la nada» pone en jaque el instinto más básico de preservación y continuidad, nuestro instinto de supervivencia. Nos aterra la idea de dejar de existir porque, en la experiencia humana, la existencia es todo lo que conocemos. Lo único que conocemos. La aniquilación completa del yo o la pérdida absoluta de la identidad y la conciencia es una realidad prácticamente inimaginable.

Aun así, si lo piensas bien, ¿no te parece curioso que nos aterre tanto la nada? Después de todo, **antes de nacer, estuvimos en ese estado de no existencia, y no sentíamos miedo, dolor ni angustia por ello**. Ningún malestar y ningún tipo de conciencia, porque la nada no es una experiencia, no hay un sujeto que pueda experimentarla. **El principal problema del miedo a la muerte es temer a la nada como si la fueras a experimentar, pero la nada no es nada para nosotros. No hay nada que temer en la no existencia.** ¿Por qué nos asusta tanto entonces? El miedo a la desaparición de lo conocido solo es miedo a lo desconocido. Pero, insisto: en la nada no hay nada que temer, principalmente porque ni siquiera hay posibilidad de experimentar temor. La muerte, en sí, no es temerosa, no deja espacio para el miedo ni ningún otro elemento.

La idea de que lo que ocurre tras la muerte sea un simple apagón definitivo de la vida, un cese absoluto del ciclo, contrasta con las necesidades emocionales y espirituales de muchas personas, con mis propias necesidades y mi propia espiritualidad también. Tu naturaleza humana, igual que la mía, no está preparada para contemplar esa posibilidad. Entender la muerte como la gran finalización, como el lugar y momento en que todo se paraliza para siempre, puede parecer una perspectiva desoladora y decepcionante, pero, aquí, uno tiene el deber de tomar partido. En esa lucha decisiva por elegir cuánto hueco le hago a la muerte en mi vida y qué tipo de espacio le doy es donde encontramos margen de elección para plantearla como la única certeza capaz de liberarme del sufrimiento. La muerte juega con esa paradoja: **su irremediabilidad te permite alejarte del sufrimiento**. Al asumir que la muerte es inevitable, podemos dejar de luchar contra esa realidad. Saber que no se puede cambiar ni evitar puede disminuir nuestra preocupación, liberarnos de la necesidad de controlar lo incontrolable y darnos más espacio para conectarnos con el presente.

HAZLE UN HUECO A LA EMOCIÓN

# El deseo de trascendencia

El miedo a la muerte está por entero relacionado con la necesidad de dar un sentido a la experiencia, de construirle un propósito a la vida, y a la muerte. Nos preguntamos si hay algo más y qué sentido tiene estar aquí, qué sentido tiene morir. Una parte de nosotros necesita creer que nuestra existencia posee un significado más profundo, que no somos el mero resultado de una casualidad biológica. La idea de que exista vida después de la vida, de que haya un dios o creador, un lugar al que ir o una forma de reencarnación, ofrece consuelo, germina esperanza, nos da una razón para vivir, y para morir. Por tanto, el miedo a la muerte y a la nada es también un reflejo del deseo de trascendencia. **Queremos que nuestra vida importe**, que nuestras experiencias, nuestros éxitos y huellas no desaparezcan con nosotros. Por eso la humanidad ha creado rituales, liturgias, mandatos, propósitos, mitos y religiones: para encontrar sentido en el caos y domesticar el terror a lo desconocido.

El deseo de trascendencia no solo no es malo, es humano. Pero debemos transformarlo, no debe ser el motivo por el que sentimos tanto miedo a morir. El deseo de trascendencia es lo que realmente puede dar forma a nuestros objetivos, nos proporciona una dirección, un camino cuyo final se materializa con el legado que queremos dejar en el mundo.

Siempre me ha preocupado que mi vida tuviera un propósito y que sirviera de algo. Cuando estudiaba Psicología me inquietaba la idea de morir antes de terminar, pensaba que tanto esfuerzo no podía quedar en vano, que necesitaba amortizar todo el tiempo invertido en mi carrera profesional. Pero, tras un año pasando consulta y divulgando en las redes, le dije a Alberto, mi pareja de entonces: «Si me muriera ahora, creo que me iría tranquilo, estaría conforme». Sentí, por primera vez, que mi vida tenía sentido y que ya había sido útil para los pacientes que habían pasado por mis manos. Hoy sé que la vida de cada uno es valiosa por sí misma y que el trabajo no dignifica, pero también me sirvió para entender mi verdadera vocación.

Mi deseo de trascendencia se efectúa, entre otras cosas, con la escritura de este libro, no porque quede impreso para siempre —que también—, sino por lo que siembro en ti, querido o querida lectora, con mi reflexión. Mi deseo de trascendencia pasa por contribuir a que los demás se sientan acompañados, se traten con más mimo, aprendan de sí mismos, se entiendan más y sepan cómo protegerse. Mi trabajo me ha permitido entrar en muchos corazones y ser testigo de cómo se reparaban. Para mí, eso es trascender. Sé que quiero seguir viviendo, claro, pero también sé que no necesito hacerlo para haber trascendido.

## Vivir sin miedo a morir

Si has compartido tiempo con personas mayores que están en el último tramo de su vida, probablemente habrás comprobado que la inmensa mayoría no tiene miedo a morir. Este fenómeno psicológico,

## HAZLE UN HUECO A LA EMOCIÓN

por el que se pierde el miedo a morir según aumenta la edad, se ha intentado explicar desde diferentes enfoques y teorías; como casi todo, es el conjunto de múltiples factores. En definitiva, es un proceso gradual de adaptación y aceptación, un cambio en la percepción de la muerte que se materializa a través de los años. Las personas mayores han tenido más tiempo para reflexionar sobre la muerte, para enfrentarla de manera directa a través de las pérdidas a su alrededor e integrar estas experiencias en su vida. Esta exposición prolongada a la realidad de la mortalidad desensibiliza el miedo y fomenta una aceptación más serena de lo inevitable, especialmente si consideran que han vivido una vida plena y satisfactoria.

Cruzada la barrera de los sesenta y cinco años, por motivos sobre todo contextuales, disminuyen las relaciones sociales —ya sea por jubilación, enfermedad o la necesidad de dar o recibir cuidados—. Las personas mayores viven más aisladas, y centradas en sí mismas y sus familiares o seres queridos directos; pero esta circunstancia, lejos de ser un problema, en muchas ocasiones contribuye, en última instancia, a enfocar las principales actividades diarias en lo que uno valora como más significativo en su vida. Este planteamiento responde a la teoría de la selectividad socioemocional que desarrolló Laura Carstensen en los años noventa: **las personas mayores toman conciencia de que el tiempo se acaba, y el miedo o la depresión dejan de ser respuestas «adaptativas» ante el final inminente, dejan de ser respuestas que sirvan para proteger la supervivencia.** Lo que realmente se convierte en una conducta funcional es valorar aquello que los hace realmente felices: el contacto con sus seres más queridos, los cuidados, las pequeñas cosas que en la cotidianeidad les produce bienestar. La vejez se convierte en una etapa mucho más selectiva. El paso del tiempo acumula experiencia, y la experiencia construye sabiduría.

Paralelamente, la espiritualidad cobra un papel más relevante aún en esta etapa de la vida. Aquellas personas que han vivido aferradas a sus creencias espirituales, a la perspectiva de una vida después de la vida y al potencial reencuentro con los seres queridos que han fallecido, transitan el final de sus vidas desde un lugar mucho más placentero y que proporciona más serenidad, más paz y menos ansiedad ante la muerte. La fe es un factor protector, no cabe duda.

La certeza de que en el final de mi vida tendré menos miedo a la muerte puede contribuir a reducir la ansiedad en el presente. **¿Por qué me iba a preocupar hoy algo que mañana no lo hará?** ¿Por qué iba a sufrir por lo que ocurrirá en el futuro si, cuando me acerque a ese potencial futuro, el sufrimiento se desvanecerá?

## La certeza y el control

Como hemos visto a lo largo del libro, la necesidad humana de control condiciona gran parte de nuestro comportamiento y decisiones. La muerte, ya sabes, es la única certeza con la que el ser humano cuenta sobre su futuro, sin embargo, nuestro deseo de control no se sacia con la certidumbre de la muerte. Si sé que la vida es finita, que la muerte llegará, y eso es lo único que puedo asegurar, ¿qué me produce tanto desasosiego? La respuesta a esta paradoja se encuentra en que, aunque la muerte sea una certeza ineludible, su naturaleza y lo que representa son muy desconcertantes. Esta convicción no brinda el tipo de control o seguridad que solemos buscar, porque, aunque sabemos que la muerte llegará, desconocemos cuándo, cómo y de qué forma moriremos, y si algo continúa después. La muerte representa la pérdida absoluta de control, el fin de nuestra capacidad de influir en el entorno, de tomar decisiones y experimentar la vida. Es el límite final de la existencia consciente y, por tanto, es perturbadora. La certeza de la muerte no nos consuela porque no elimina la ansiedad sobre los aspectos desconocidos que la rodean. Todavía queda mucho margen para el control que no podemos satisfacer.

**Tener miedo a la muerte es como llegar a una fiesta y preocuparse por el final, tratando de que la noche sea eterna, sufriendo porque cada minuto que pasa es un minuto menos para volver a casa. Es como llegar y lamentar, desde el principio, que terminará.** Es como enfadarse porque llegue el amanecer. Es querer vivir de espaldas a la verdad. Es no permitirse el placer. Es como olvidarte de lo que realmente importa: bailar sin importar el final. Lo que en última instancia hace realmente especial una fiesta es que no dura eternamente, que es breve, es solo aquí y ahora. Eso nos permite conectar con el momento presente y bailar, reír y disfrutar como si no existiera nada más. La vida es ese tipo de fiesta. No tendría sentido si fuera eterna. Es más divertida porque termina. La muerte la hace interesante, intensa, impulsiva, vibrante, única e irremediable. Nos permite enfocar la energía en lo que realmente importa: cómo vivimos, cómo amamos, cómo contribuimos al bienestar propio y al de los demás. La vida, con su fragilidad e impermanencia, es donde reside nuestra verdadera agencia.

No necesito quedarme hasta el final de la fiesta para haberla vivido, para haberla gozado. **No me da miedo la muerte porque no me da miedo la vida**, y para haber vivido necesito firmar este contrato mortal en el que el precio a pagar es que la juerga se acabe en algún momento.

HAZLE UN HUECO A LA EMOCIÓN

## La carta de reclamo

No todas las pérdidas suceden en medio de sentimientos de afecto o amor. A veces, una pérdida duele a pesar de producirse en un contexto de conflicto. En esos momentos, la carta de reclamo es una herramienta que puede permitirnos el procesamiento del duelo con más coherencia y liberación. Igual que la carta de despedida, la carta de reclamo nos ayuda a expresar y procesar emociones, pero un poco más complejas, como el enfado, la ira, la frustración, y otras cuestiones como las preguntas sin respuesta, los lamentos o los arrepentimientos. Facilita la externalización de sentimientos y supone una comunicación simbólica que puede resultar reconfortante. A veces, hablar a través de una carta que nunca se enviará es tan liberador como hacerlo directamente.

## TERCERA PARTE

# HAZLE UN HUECO A LA SANACIÓN

## Capítulo 9
# HACIA UNA DESPEDIDA AMABLE

Unas páginas atrás te he invitado a fantasear sobre tu propia muerte: cómo te gustaría que ocurriera, bajo qué circunstancias y en qué momento. Es un ejercicio de proyección y visualización muy potente que nos permite conocer mejor nuestras inquietudes acerca del final de la vida y, por consiguiente, nuestros pensamientos y creencias sobre el duelo y la pérdida. Fantasear sobre morir es una forma de reducir el miedo a la muerte, porque nos familiariza con una realidad que llegará tarde o temprano. Este proceso nos ayuda a entender el miedo de una forma más constructiva y a reducirlo mientras promovemos una mayor sensación de control ante un hecho totalmente impredecible e inevitable.

Pero la forma en que abandonamos este mundo no solo tiene que ver con el modo en que morimos o la causa que explica el final. También se relaciona con la manera en la que nos despiden, cómo nos dicen adiós y el poso emocional que dejamos tras nuestra marcha. Cuando nos vayamos, es muy probable que quienes nos han acompañado en el final de la vida —suceda cuando suceda— necesiten despedirse de nosotros a través de uno o varios rituales. En todas las culturas, los rituales de despedida de un fallecido están profundamente arraigados en las dinámicas comportamentales. Por un lado, porque nos permiten honrar la memoria de quienes se marchan, de una forma simbólica, explícita y tangible, con una serie de normas y reglas que cumplir y unos procedimientos que sirven de guía y que tienen un principio, un nudo y un desenlace que cierra la ceremonia. Esto último está relacionado con el duelo, pues los cultos al muerto promueven su procesamiento y ayudan a encontrar consuelo por la pérdida: en la unión con el resto de los seres queridos, en la construcción de un significado que explique la experiencia, en la sensación de que se han completado las tareas.

Uno de los primeros pasos tras la muerte de alguien es la preparación del cuerpo, habitualmente en el tanatorio. El tanatorio ha sido durante décadas el lugar donde velar el cuerpo de la persona fallecida mientras la familia y los amigos reciben el apoyo de sus seres queridos. Los velatorios han existido toda la vida, aunque durante siglos los propios hogares hacían las veces de tanatorio; hasta el siglo xx, momento en que se institucionalizaron y privatizaron. Posteriormente, en nuestra sociedad occidental, es común celebrar un funeral, que unas veces será una ceremonia religiosa y otras no. Cuando el ritual es religioso, se reza por el alma del difunto y se hacen lecturas de textos sagrados, cantos y oraciones para honrar al muerto. Cuando no lo es, el enfoque del evento suele ser más personal e individualizado, con discursos, música y espacio para el recuerdo. Y, tras la ceremonia, se procede al entierro o a la cremación, según las preferencias de la familia o del propio difunto si había dejado instrucciones. El lugar en que se deposita el cuerpo o se guardan o reposan las cenizas suele convertirse en un sitio de peregrinación para los seres queridos, que pueden visitarlo para recordar o rendir homenaje a la persona fallecida.

Además de los rituales formales, existen otros muchos actos simbólicos y más personales que las personas llevan a cabo para conectarse con el difunto, como la celebración de ceremonias conmemorativas, la construcción de altares en casa con fotografías u objetos de la persona fallecida o encender velas.

## Construir rituales con sentido

Todos estos rituales cumplen una función esencial en el proceso de duelo, pues proporcionan, en teoría, un marco estructurado para expresar el dolor, compartir la pérdida con otros y comenzar a encontrar un nuevo sentido de normalidad sin la presencia física del ser querido. Sin embargo, a través de mi práctica clínica me he dado cuenta de que estas estructuras no siempre cumplen su supuesta función, sino que pueden complicar mucho la experiencia de algunas personas. Así que permíteme que rompa con algunos de los mitos más extendidos sobre los rituales.

En primer lugar, si bien la naturaleza de la liturgia es un procedimiento estandarizado —y esa es, si me permites la expresión, su gracia—, al mismo tiempo su rigidez puede no acomodarse a las necesidades individuales de cada doliente. **El ritual, en ocasiones, se materializa como consecuencia de la presión social**: así es como se despide a un muerto, haciendo esto y lo otro; y todo lo que se salga de ahí no está bien, no es apropiado y no cumple los estándares de la despedida esperable. Por ejemplo, se espera que en un funeral mostremos cierto grado de compostura, y esto supone la prohibición de dos vías de canalización emocional estigmatizadas: la expresión desgarradora del dolor y, al mismo tiempo, una respuesta relajada e incluso armoniosa ante lo sucedido.

Tener que actuar de una determinada manera puede llevar a la represión de emociones genuinas. Por ello, no es extraño que los rituales se conviertan en actos más mecánicos que significativos. Si no existe una conexión emocional profunda con la liturgia, si no practicamos la ceremonia con un sentido de pertenencia al acto, el evento es más una obligación social que un procesamiento de la pérdida. **Si no aporta consuelo, no es necesario; y, si no es necesario, carece de sentido.**

HACIA UNA DESPEDIDA AMABLE

# Mi funeral perfecto

Particularmente, siempre he visto este tipo de rituales como fríos e impersonales. Que todos ellos estén cortados por el mismo patrón y que todos pasen por la exposición de la tristeza y el sostenimiento de un dolor inmerecido, aunque inevitable, en un lugar frío y desangelado no tiene sentido para mí. No quiero nada de eso para los míos. No quiero que mi despedida pase por velar mi cuerpo durante horas, ni por recibir a decenas de personas y escuchar una y otra vez el pésame, genuino a veces y otras no tanto; no quiero que las 48 o 72 horas posteriores a mi muerte sean agotadoras ni que deban lidiar con decisiones constantes: ¿quiere usted el ataúd abierto o cerrado? ¿Señalamos en la pantalla la sala en la que se vela el cuerpo? ¿Prefiere misa o directamente funeral?

No quiero que nada de eso rodee a mi muerte. Si imagino el funeral perfecto, se aleja por entero de las liturgias tradicionales que hoy son parte del imaginario colectivo y que se conciben como inevitables y únicas alternativas. Si imagino el funeral perfecto, pienso en algo muy distinto. Mi mente viaja hacia un lugar agradable, cálido y acogedor, un lugar de reunión para mis seres queridos. Han pasado ya unos días desde mi muerte, no es demasiado pronto ni demasiado tarde. Ha pasado el tiempo suficiente para que el shock se haya convertido en tristeza y las noches sin dormir hayan dado paso al descanso, para que los pésames ya no pesen y el encuentro entre los míos sea fuente de calor y no un desgarro emocional. Ese lugar placentero es un ho-

## HAZLE UN HUECO A LA SANACIÓN

gar, o al menos lo será durante las próximas horas. Es el espacio que permitirá a los míos recordarme desde la armonía, la tranquilidad y el sosiego. Es un sitio donde hay algo para comer y beber, un ambiente en el que acomodarse mientras suena la música que a mí me gustaba, mi música. Ven mis fotos, recuerdan mis vídeos, incluso escuchan mis pódcasts. Por ejemplo, el capítulo en que hablaba precisamente sobre la muerte. Se ríen con mis anécdotas, las anécdotas compartidas. Alguien ha escrito un discurso emotivo y lo lee. Algunos lloran; otros, de la risa. Se abrazan. Se consuelan. Se acarician. Se relajan. Están unidos, se acompañan. Es como si yo no faltara, me sienten allí, con ellos, porque están todos. Estoy allí, con ellos. Estoy más presente que en muchos otros sitios en los que estuve en vida. Tienen unas cuantas horas antes de empezar a elaborar el duelo; tienen la suerte de hacerlo juntos, de la mano.

Mi funeral perfecto es un hogar en el que pasar la pena compartida, donde el dolor no se vive en soledad, donde la tristeza encuentra su cauce en abrazos y palabras de consuelo. Es un sitio para el recuerdo amable, donde los míos evocan mis momentos de vida con ternura, sin el peso abrumador de la solemnidad o la distancia emocional que caracteriza algunas despedidas. **Mi funeral perfecto es una celebración de mi vida**, un universo en el que la memoria no duele y los recuerdos no son amargos. Es una excusa para fortalecer los lazos de quienes me quisieron, para que puedan seguir queriéndome juntos, ahora que ya no estoy. Un refugio que suaviza la pena y le hace un hueco al duelo. Mi funeral perfecto no es un adiós, es la continuidad de mi esencia transformada en recuerdo. Mi partida no es una ausencia dolorosa, sino una presencia intangible que impregna a quienes han venido a recordarme. No hay tanatorio, no hay misa, no hay funeral, no hay entierro. No hay ropa oscura, no hay velatorio, no hay horas interminables recibiendo a desconocidos.

Hace un tiempo no estaba pasando un buen momento y empecé a ir a terapia con mi psicóloga, Bárbara, una compañera de vida maravillosa que me ayudó a salir de un pozo doloroso que me tenía completamente apagado. Con el proceso terapéutico ya avanzado, empecé a vivir mi malestar de otro modo. A Bárbara le costó mucho que me abriera emocionalmente y que conectara con mi dolor, que les diera espacio a todas las emociones desagradables que, por más que intentara esconder, estaban ahí, presentes, haciéndose un hueco a la fuerza. Pero finalmente lo conseguimos y, una vez que entendí que dejarme sentir era la clave para poder caminar y seguir avanzando, todo cambió. En una de las sesiones, cuando ya había experimentado ese punto de inflexión tan trascendental, le conté a Bárbara cómo imaginaba mi funeral. Le describí exactamente el mismo escenario que acabo de relatar. Le conté cómo sería mi funeral perfecto y, en mi propia narración, no escondí el dolor, la pena o la tristeza que sentirían mis seres queridos tras mi muerte. Aun así, el relato era amable, tierno, sereno y con un punto de nostalgia agradable. En mi funeral perfecto había luz, a pesar de la oscuridad de mi ausencia; había esperanza, a pesar de la necesidad de enterrar un anhelo. Le dije: «Ya que lo van a pasar, que al menos les sea agradable». **Y así entendí que esa era la forma**

**en que yo quería vivir mi propio proceso de malestar emocional: con amabilidad, con cariño, con ternura, con cuidado.** Y así nació la teoría del funeral perfecto.

Al imaginar nuestro propio funeral, es esperable que consideremos el impacto emocional en nuestros seres queridos y busquemos, en esa tarea creativa, formas de aliviar su dolor. Este ejercicio de empatía nos lleva a diseñar un entorno que equilibre la tristeza con elementos de confort y comunidad. Es entonces cuando entendemos que el dolor no necesita ser una experiencia completamente negativa ni solitaria. **Diseñar nuestro funeral perfecto nos demuestra que la pena puede ser acompañada de momentos felices, momentos de conexión y de amor que transforman una experiencia desgarradora en algo más llevadero, haciendo coexistir de manera saludable momentos tristes con momentos de consuelo.** Lo que deseamos para los nuestros es que el dolor pueda ser integrado en sus vidas de manera que les permita seguir adelante, ¿por qué no hacerlo así con nosotros mismos, con el propio malestar?

Cualquier persona, al imaginar su propio funeral perfecto, describirá una serie de circunstancias que, aun reconociendo el dolor inherente a la pérdida, ofrecen un entorno amable, agradable y reconfortante para los seres queridos que participan en él. Con esta teoría propongo que, frente a casi cualquier tragedia, es posible diseñar un contexto que promueva la convivencia saludable con el malestar, volviéndolo manejable y no paralizante. Siempre es posible encontrar maneras tiernas de convivir con el malestar sin necesidad de negar la realidad del dolor. Lo que pretendo con la teoría del funeral perfecto es darte la oportunidad de reimaginar tus respuestas al dolor, encontrando en ellas la posibilidad de integrarlas en un repertorio conductual amplio, donde el malestar no necesita impregnarlo todo, sino que puede coexistir con la armonía y la conexión con los demás. Podemos encontrar formas de transformar el dolor en experiencias diferentes, donde el sufrimiento no es un fin en sí mismo, sino un aspecto de la experiencia humana que se puede abrazar con compasión. Imaginar un funeral perfecto es una excusa para crear un espacio en el que el dolor es reconocido y respetado, pero también acompañado por el apoyo mutuo y propio, entendiéndolo como una parte inevitable de nuestra existencia, pero no como una fuerza que nos domina y define.

## Los altares y los lugares

La construcción de altares con fotografías y objetos relacionados con la pérdida durante los procesos de duelo es, en ocasiones, una tarea contraindicada, aunque pueda parecer paradójico; sin embargo, tener presente a la pérdida y conectar con ella a través de lo tangible es algo recomendable y saludable.

Los altares objetivan el duelo y pueden convertirse en una distracción que nos impida la sanación. A veces, estos espacios de oración son producto de un estancamiento emocional y se mantienen también por una presión autoimpuesta: ¿cómo lo voy a quitar ahora? ¿Qué significaría eso en mi proceso de duelo? ¿Es una traición?

En cuanto a los lugares del duelo —ciudades, habitaciones, espacios, calles…—, esos sitios que están conectados con la pérdida y que nos cuesta volver a visitar, es importante plantearnos qué importancia tienen para nosotros o de qué forma mi incapacidad para volver a ellos intercede en mi vida normal. Cuando no poder pisar de nuevo ciertos lugares se convierte en un problema, es relevante recordar que transitarlos tras la pérdida genera nuevas trazas de memoria, nuevos significados, y la exposición graduada puede ser una aliada para sanar heridas de este tipo.

Capítulo 10
# HAZLE UN HUECO AL DOLOR

La primera vez que utilicé la expresión «hacerle un hueco al dolor» fue en la Navidad de 2022. Desde entonces, la idea de hacerle un hueco al dolor ha sido especialmente útil en los procesos terapéuticos que he dirigido. Por eso, en la primera reunión que tuve con la editorial para plantear las ideas iniciales acerca del libro que queríamos publicar juntos, este concepto resonó muy fuerte y, de inmediato, tuvimos claro que iba a dar título al texto.

Uno de mis pacientes, Jorge, estaba experimentando un proceso de duelo bastante complicado, aunque ya había transitado por una auténtica selva luchando con feroces depredadores emocionales que habían hecho mella en su interior. Dos años y medio antes, en el verano de 2020, había fallecido su padre en circunstancias trágicas, a las que se sumó el contexto pandémico y las innumerables restricciones de entonces. Las primeras Navidades después de la muerte no existieron, la familia todavía estaba bloqueada y, por entonces, no parecía muy recomendable reunirse en interiores por los efectos de la pandemia. Las del año siguiente tampoco fueron especialmente sencillas: aún había restricciones y las oleadas de COVID-19 no daban descanso. Por lo que las del año 2022 se convertirían en la primera oportunidad de volver a celebrar unas Navidades normales, recuperando liturgias y tradiciones escondidas bajo el dolor.

Ante la llegada de las fechas señaladas y el viaje para el reencuentro con su familia, Jorge estaba preocupado por la manera en la que el resto esperaba vivir estas fiestas. Al explorar sus miedos e inquietudes, descubrimos que sus expectativas le estaban robando la oportunidad de vivir el dolor de una forma genuina. Jorge había interiorizado que aquellas Navidades debían ser lo más asépticas posibles, recuperando el espíritu de normalidad y, prácticamente, tratando de hacer como si nada hubiera ocurrido. No parece lo más lógico, porque, en definitiva, es la forma más antinatural de vivir unas fiestas como la Navidad. ¿Cómo pretendía Jorge celebrarlas sin tener en cuenta la ausencia de su padre? ¿Cómo no iba a dolerle la silla vacía, el silencio de sus carcajadas o el abandono de su presencia? Hacer un hueco al dolor, es decir, integrar la pérdida y tenerla presente durante las fiestas, le permitió liberarse, primero, de unas expectativas demasiado rígidas; y, segundo, de la inservible necesidad de contenerse emocionalmente. Entender y asumir que las Navidades nunca volverían a ser como antes y que la ausencia de su padre pesaría por mucho más tiempo le permitió desencadenarse del malestar incapacitante.

# Los mitos del duelo

Alrededor del duelo se han construido innumerables mitos que solo han invalidado la experiencia emocional de las personas dolientes a lo largo de las décadas. Muchos de estos mitos los hemos ido derribando página a página. El último de ellos, el relacionado con los miedos y expectativas de Jorge. Veamos a continuación los cinco que, creo, han tenido más influencia:

**1. Llorar es la única manera adecuada de expresar el dolor**

En este viaje, hemos mencionado en varias ocasiones la necesidad de permitir que el malestar se nos cuele por los poros de la piel y de experimentarlo tal como aparezca. Muchas veces, este malestar se expresará con dolor, sufrimiento y lágrimas, pero no siempre. Las personas procesamos, expresamos y canalizamos el duelo de distintas formas, que pueden incluir la tristeza profunda sin llanto, la rabia, la confusión o incluso el entumecimiento emocional, lo que nos lleva a desmentir otro de los mitos más comunes: las personas que no lloran no están sufriendo. Cada uno de nosotros tiene su manera de expresar el dolor, y el llanto es solo una de ellas.

**2. Hablar sobre la pérdida retrasa la recuperación**
No solo no la retrasa, sino que la permite de una forma mucho más saludable y natural. Igual que le ocurrió finalmente a Jorge, integrar la ausencia y tenerla presente ayuda a transitar el malestar sin que este sea del todo incapacitante. Hoy sabemos que ponerle voz a lo que sentimos, nos preocupa y nos pasa ayuda a experimentarlo y canalizarlo con más genuinidad y transparencia. Poner palabras a lo incómodo disminuye la incomodidad y nos permite satisfacer nuestras necesidades de una forma mucho más directa.

**3. La tristeza extrema es patológica**
Una tristeza profunda y prolongada no siempre es signo de un problema psicológico subyacente. El duelo puede involucrar de manera natural una tristeza muy intensa. Su duración e intensidad son variables y no hay estándares específicos que limiten la emoción patológica de la que no lo es. Cuando esta tristeza interfiere con persistencia en la vida diaria, es recomendable con-

tar con un acompañamiento profesional, pero no para hacerla desaparecer o bloquearla, sino para aprender a regularla de una forma saludable.

**4. Mantenerse ocupado evita el dolor**

La activación conductual es una de las técnicas terapéuticas más útiles para mejorar el bienestar psicológico de las personas. Mantenernos ocupados nos permite volver a construir un sentido de rutina y normalidad en nuestra vida, promueve una variabilidad emocional más diversa y fortalece nuestras conexiones con los demás —y con las demás cosas—, además de contribuir al empoderamiento, a hacernos sentir útiles y capaces. Pero activarse conductualmente no pasa por evitar el dolor o distraernos de nuestras emociones desagradables. A largo plazo, la evitación promueve un procesamiento incompleto de la pérdida.

**5. El duelo que no se expresa abiertamente es peligroso**

Darle espacio al malestar no solo pasa por la exposición del dolor. Hay muchas formas de procesar una pérdida y canalizar las emociones, y no siempre habrá que hacerlo de manera pública. Transitar el duelo de un modo privado puede resultar también útil para las personas más reservadas o que solo se sienten cómodas con otros seres queridos muy cercanos. La expresión de emociones se puede llevar a cabo escribiendo, dibujando o simplemente demandando afecto físico.

## Atender al cuerpo

A veces, nuestra torpeza emocional nos engaña y nos empuja a llenar el vacío tapándolo con mogollón de ruido, tareas y sustitutos emocionales. **Pero el espacio que te propongo que le hagas al duelo es, de hecho, la forma de ocupar el vacío que deja la pérdida.** El único sustituto adaptativo y funcional capaz de llenar el hueco de un modo coherente y perfectamente calibrado a nuestras necesidades es la experiencia de duelo. Este proceso emocional ocurre «solo», es una respuesta nacida de forma autónoma y perfectamente diseñada para sanarnos a través del escozor de las heridas. Lo que ya sabes: toda pérdida deja un vacío que comienza con una expectativa truncada. Y el mecanismo de defensa que conoce nuestro cuerpo para llenar ese vacío es hacernos sentir un cóctel molotov de emociones que, por un lado, nos permita entender qué ha ocurrido y qué supone lo ocurrido; y, por otro, promueva una serie de respuestas emocionales y conductuales para adaptarnos a la nueva realidad.

A veces, esas heridas no son solo emocionales, y se materializan de formas tangibles, visibles y molestas. Quizá se presenten síntomas físicos como dolores de cabeza, problemas digestivos, dolores musculares o molestias crónicas que no responden al tratamiento médico. Esta sintomatología como respuesta a un proceso de duelo es nuestro cuerpo gritando que tenemos una serie de necesidades emocionales insatisfechas y urgentes de atender. Es como la fiebre que anuncia una infección o el vómito que me avisa de que he comido algo en mal estado y necesito cambiar la dieta unos días para regular la digestión. Son alarmas, señales que no necesito apagar ni oscurecer, porque son aliadas que me ayudan a identificar mis carencias, me permiten hallar soluciones.

**Si escuchas y atiendes a tu cuerpo, encontrarás respuestas en forma de patrón que aparecen siempre en momentos delicados.** Cada organismo tiene su modo particular de pedir ayuda. El mío, por ejemplo, me irrita los párpados antes incluso de advertir que empiezo a experimentar un estrés desadaptativo, me cierra el estómago si estoy demasiado triste o algo me preocupa excesivamente, y me deja sin voz si tengo miedo de expresar algo. Cuando aprendí a detectar estas respuestas y las integré como verdaderas aliadas, dejé de obviarlas o solaparlas y empecé a gestionar con mucha más adecuación mis emociones. Si se me irritan los párpados, me extiendo una crema especial para curar mi piel, pero no desatiendo mis necesidades, porque lo interpreto como la señal que me permite cambiar las rutinas y adaptarme mejor a las demandas del ambiente.

Aunque hablemos de transitar las emociones desagradables y darles un espacio, en realidad la idea de hacerles un hueco es precisamente conseguir que no molesten, o que tengan un lugar en el que molestar, un sitio que podamos medir, calibrar y controlar nosotros mismos, sin necesidad de que el malestar ande disparado por todas partes. Cuando reservamos un hueco para lo desagradable y lo visualizamos físicamente ocupando un espacio concreto y limitado, entonces somos capaces de integrar la idea de que **el malestar no** nos define, simplemente es un ingrediente más de la experiencia que forma parte de nosotros, pero no lo invade todo ni tiene por qué marcar nuestro itinerario de manera irremediable e indefinida. Pero… ¿cómo se concreta eso? ¿Cómo hacerle un hueco al dolor? A lo largo del libro, te he compartido pistas sobre cómo hacerlo, sobre las diferentes fórmulas para integrarlo con naturalidad. A modo de resumen:

- Permitir que las emociones fluyan, sin ocultarlas, taparlas, solaparlas, evitarlas ni conteniéndolas.
- Escribir en un diario cuáles son esas emociones que fluctúan, cómo de intensas están, para qué creo que me sirven, qué tratan de decirme…
- Tener presente la pérdida en tanto que sea natural para mí tenerla presente.
- Crear un espacio físico para el duelo: un lugar al que acudir para la reflexión, el recuerdo, compartir o escribir en el diario.
- Hablar, cuando se necesite y de la forma en que se precise, sobre la pérdida.
- Aceptar el apoyo de los demás, pero también indicándoles cómo necesito que me ayuden, cuán cercanos necesito que estén y de qué forma.
- Tener paciencia con uno mismo y con lo que se siente.
- Practicar la autocompasión, ser amable y comprensivo con uno mismo, autovalidarme.

- Recordar que el malestar es finito, que no dura para siempre.
- Entender que dándole espacio al malestar no se quedará más tiempo, sino que se integrará de una forma más amable —y, por tanto, seguramente no necesitará permanecer más tiempo del debido—.
- Integrar aquellos rituales que me son útiles para el procesamiento de la pérdida, que aumentan mi bienestar y me transmiten sosiego.
- Utilizar la caja de recuerdos, la carta de despedida, el autorregistro o cualquier otra herramienta que me sea útil.
- Releer este libro.

# El bosque del malestar

Cuando un paciente llega a mi consulta sosteniendo un malestar profundo y pesado, independientemente de si se trata o no de un duelo, me resulta muy útil hablarle de la necesidad de transitar el malestar mientras, paralelamente, trabajamos aquello que le ha ocurrido, tratamos de entenderlo, colocarlo en su vida, fortalecer aquellas áreas con carencias y, en definitiva, satisfacer los objetivos que establezcamos al estudiar su demanda terapéutica.

En este proceso de autoconocimiento y regulación, el paciente suele necesitar empezar a hacer «cosas desagradables», es decir, pequeños esfuerzos incómodos que le permitan comenzar a acercarse a sus objetivos: conectar con las emociones y aprender a canalizarlas adaptativamente, poner límites a sus seres más queridos, reconstruir la narrativa de su vida y, finalmente, saberse y reconocerse vulnerable ante las circunstancias vividas, por ejemplo. En este arduo camino, es muy común que las personas que se atreven a transitarlo no lo hagan de forma lineal y sufran ciertas parálisis o «recaídas». Esto ocurre cuando conectan con emociones desagradables difíciles de sostener. Por ejemplo, poner un límite a una madre dependiente en una dinámica de inversión de roles y no salir herido de esa interacción es casi misión imposible. Hay que explicar al paciente que el cambio vital que desea protagonizar no le saldrá gratis y tendrá consecuencias; a corto plazo, algunas decisiones no van a aportarle bienestar; hay que ayudarlo a anticipar qué respuestas puede esperar de los demás... Y hay que prepararlo, en definitiva, para un camino difícil.

Imagina el malestar como un bosque siniestro, perturbador, denso, peligroso, oscuro y desagradable de transitar. El problema es que tus objetivos están al otro lado del bosque del malestar. Justo cuando quedan atrás sus ramas secas, los barros movedizos y el frío paralizante, se encuentra todo aquello a lo que quieres llegar: el empoderamiento, la armonía, la capacidad de decisión, la libertad, la paz, el descanso, la liberación... **Este bosque es el único camino que nos lleva a la meta que queremos alcanzar, por lo que la única manera de lograr todo lo que anhelamos es cruzándolo.** En los procesos terapéuticos —y fuera de ellos—, acostumbramos a pasar demasiado tiempo en-

## HAZLE UN HUECO AL DOLOR

trando y saliendo del bosque. Estar dentro no es agradable, por lo que al conectar con esos monstruos oscuros y los aullidos lejanos de lobos hambrientos, lo común es abandonar el bosque por el mismo camino por el que hemos entrado. Así que en esa dinámica torpe nos vemos condenados: entrando y saliendo del bosque sin avanzar realmente hacia nuestros objetivos.

La única manera para llegar al otro lado es entrar en el bosque y permanecer en él hasta alcanzar el final. No pasa nada si paramos a descansar, si nos detenemos un rato o si ahí dentro nos derrumbamos y estallamos en un grito de auxilio. Lo importante es integrar la idea de que, aunque abandonar momentáneamente el bosque alivia el malestar, es un alivio a muy corto plazo que nos impide alcanzar los objetivos. Por eso, lo que resulta realmente adaptativo, funcional y práctico a largo plazo es permanecer dentro, continuar caminando a pesar de sostener la tristeza o el dolor.

Grábate esta frase a fuego: **el sufrimiento no siempre proviene del dolor en sí mismo, sino más bien de nuestra resistencia y evasión ante él**. Intentar escapar del dolor nos atrapa en un ciclo interminable de sufrimiento, pues el dolor no resuelto, no sanado, se arraiga en lo más profundo, manifestándose a traición en otras dimensiones de nuestra vida.

Al animarte a transitar el bosque del malestar, no te invito a aguantar un dolor insufrible. **El camino de la felicidad no pasa necesariamente por sentirse mal**, no quiero caer en estos mitos absurdos y reduccionistas que defienden la necesidad del sufrimiento para tener una vida plena posterior. Pero lo esperable es que el duelo duela, y necesitas integrar ese dolor en tu vida para que puedas superarlo.

## ¿Y si este duelo no me duele?

A lo largo del libro te he hablado del dolor y de cómo convivir con él. Acabas de leer que lo esperable es que el duelo duela. Pero ciertamente no tiene por qué ser siempre así. Por mi consulta también han pasado pacientes que habían sufrido alguna pérdida reciente y estaban preocupados por la ausencia de dolor y malestar. Podían sentir incomodidad, tener algún día malo y experimentar un sutil bajo estado de ánimo, pero no una emoción incapacitante o desgarradora. Ya sabes que la experiencia de duelo es tan diversa y única como las personas que lo atraviesan, por eso también es esperable que algunos lectores se pregunten: «¿Y si mi duelo no duele?, ¿hay algo malo en mí?, ¿significa eso que no lo estoy procesando correctamente? ¿Estoy bloqueado?, ¿estoy en una fase de negación perenne?». Todas estas dudas son válidas, y merece la pena explorarlas para desentrañar la complejidad del duelo.

En la experiencia emocional juegan un papel importantísimo las diferencias individuales. Por ejemplo, algunas personas pueden experimentar el duelo de una forma más cognitiva que emocional, reflexionando sobre la pérdida sin sentir un dolor abrumador. Otras cuentan con mecanismos de defensa fortalecidos a lo largo del tiempo, o bien han desarrollado una resiliencia emocional especial que les permite transitar la pérdida sin experimentar un dolor intenso. Y, por supuesto, las expectativas, el vínculo con la pérdida y la anticipación de la propia pérdida juegan un papel fundamental en la elaboración del duelo.

Es normal preguntarse si estamos procesando el duelo adecuadamente si no es a través del dolor, y la respuesta es sí: se puede hacer a través de otros medios, como la reflexión profunda, la búsqueda de significado o la materialización de cambios importantes en la vida de uno, como acciones concretas que me acerquen a mis objetivos vitales, reevaluar prioridades o contribuir de una forma especial en la vida de los demás.

Aun así, también es cierto que, en ocasiones, resulta difícil evaluar si estamos ante un procesamiento resiliente o ante un bloqueo o negación. Para diferenciar entre uno y otro, cabe darse el espacio necesario para la autoobservación, tratar de entender nuestras emociones y averiguar a qué responden, observar si promovemos comportamientos dirigidos a la evitación del malestar —como la sobrecarga de trabajo, los intentos por caer en distracciones constantes o evitar hablar sobre la pérdida— y atender, como decíamos, a las respuestas físicas y somáticas de nuestro cuerpo. ¿Es posible que estemos canalizando el dolor a través de reacciones corporales distintas de las emocionales?

HAZLE UN HUECO A LA SANACIÓN

# Lo que te cuentas sobre lo vivido

Cuando leí *Tus zonas erróneas* me cambió la percepción de muchas cosas, pero recuerdo especialmente interiorizar la idea de la importancia del relato y la autonarrativa: cómo nos contamos a nosotros mismos las cosas que nos pasan y de qué manera este lenguaje va modificando nuestra experiencia de aquello que nos pasa. Recuerdo que el autor explicaba que nuestra percepción ante un evento puede cambiar drásticamente nuestra reacción emocional ante él y, para ejemplificarlo, planteaba un escenario en el que alguien recibía la noticia de la muerte de otra persona. El autor defendía que no es el fallecimiento de nuestro ser querido lo que nos provoca dolor, sino nuestros pensamientos asociados a la noticia, haciéndonos plenamente responsables de lo que sentimos y de cómo lo sentimos.

Por entonces, yo era solo un adolescente descubriendo el mundo. Hoy sé que el relato no lo es todo, de nada sirve manipular la narrativa si, alrededor, las consecuencias inevitables de las cosas que nos ocurren hacen mella en nuestro contexto. Por supuesto, lo que pienso sobre la muerte de mi ser querido promueve unas u otras emociones, pero **los efectos de la pérdida no dependen directamente de mí ni de cómo decido contarme la pérdida**. Hoy sé que aquel libro es especialmente reduccionista, incluso culpabilizador al plantear algunas cuestiones, y por eso no lo recomiendo. Pero no podemos escapar de una realidad innegable: adueñarnos del relato y trabajar la propia narrativa puede mejorar el modo de afrontar los malestares y sobrevivir a los desafíos vitales, y construye de algún modo nuestra realidad. Si no lo crees, fíjate en las dinámicas políticas actuales: casi siempre gana quien controla el relato, aunque, para dominar el relato tenga que acompañarse de datos fortalecedores.

Esa es la clave para trabajar el relato en el duelo: de nada sirve que nos inventemos una historia sobre nuestra pérdida, obviemos cuestiones que nos hacen vulnerables, solapemos los perjuicios que nos deja o que dibujemos alrededor de las palabras un entorno naif que se aleje de la realidad. **Se trata, en realidad, de acunar nuestra realidad, en su conjunto, con los claros y oscuros, y construir un relato amable con todo ello**, sin autoengañarnos ni dejando de lado las heridas emocionales que ha marcado la experiencia. El proceso terapéutico, en muchas ocasiones, consiste precisamente en eso: en armar un relato que sea más justo, realista y válido para el paciente, y que esa narrativa le sirva para entender qué le ha ocurrido, por qué es como es, qué necesita hacer para implementar los cambios deseados y por qué se siente como se siente.

El proceso de duelo es también, en sí mismo, la construcción de un relato. Y la sanación del duelo pasa por completar y comprender ese relato, hacerlo propio y validarlo. Regular las expectativas, resignificarse, atender y entender las emociones que se transitan, comprender qué indican, integrar las consecuencias de la pérdida... Todo esto sirve para armar una narrativa coherente con mi experiencia de pérdida y dar un sentido a lo que me ha ocurrido.

Cuando los psicólogos hablamos de significado, algunos interpretan que las experiencias ocurren por algo, por un motivo, como si hubiera un destino predefinido que nos marcara el camino. De hecho, una necesidad habitual en personas en proceso de duelo es la de entender por qué ha sucedido la pérdida. Sin embargo, las pérdidas no tienen más sentido que las permanencias, la muerte no tiene más sentido que la vida. **Igual que no nos preguntamos por el sentido de las cosas bellas, tampoco parece útil preguntarnos por el sentido de las cosas desagradables.** En realidad, los psicólogos nos referimos, por un lado, a que hallar un significado a la experiencia es entender qué nos supone, qué consecuencias tiene, cómo nos condiciona y modifica y qué tipo de impacto tiene en nuestra vida. En definitiva, validar lo que nos pasa, y lo que sentimos sobre aquello que nos pasa. Por otro lado, dar un sentido a la experiencia también tiene que ver con hacerla útil, convertirla en algo que me sirva. Por ejemplo, sufrir una pérdida te permite entender y acompañar mejor a las personas en duelo de tu círculo, puede ser una inspiración para divulgar tu propia historia o enseñar elementos de resiliencia que te hayan servido antes a ti, puede animarte a iniciar un grupo de apoyo de duelo o inspirarte para reivindicar algún derecho perdido o que necesite fortaleza.

Quizá resulte difícil hacerlo, pues tenemos una tendencia innata a crear narrativas coherentes sobre nuestras experiencias. Y, si algo duele, el relato no se andará con rodeos. La construcción de una narrativa más compasiva con nosotros mismos es, a veces, una lucha con la propia percepción. Lo que no debemos perder de vista es que, al articular nuestra experiencia de duelo, también procesamos el dolor, en lugar de evitarlo. **Repetir nuestra historia permite integrarla.**

## Reconstruir la identidad

El relato no es solo lo que nos pasa, el relato también construye quiénes somos, nuestra identidad. Como imaginarás, la identidad está condicionada por multitud de factores que empiezan siendo biológicos y heredados —como, en gran parte, el temperamento—, pero también influyen cuestiones como la familia, los iguales de quienes nos rodeamos a edades tempranas y el resto de nuestra vida, la cultura que consumimos, el momento histórico y social en el que vivimos, los logros y los fracasos que acumulamos...

Asimismo, construimos la identidad en función de nuestras relaciones —de quiénes somos hijos, parejas, amigos o compañeros de trabajo—, del entorno en el que vivimos —la ciudad, el país o incluso la casa que habitamos—, de nuestra profesión y del lugar en el que trabajamos —a qué nos dedicamos, dónde desarrollamos nuestra actividad, qué significa para los demás nuestro trabajo, qué impacto tiene en la sociedad—...

Por tanto, también imaginarás que las pérdidas hacen mella en quienes somos y en cómo nos definimos a nosotros mismos. Este viaje emocional llamado «duelo» implica reconstruir nuestro sentido de identidad y propósito en ausencia de lo que hemos perdido; porque, hasta ahora, la pérdida formaba parte de quiénes éramos, definía nuestra existencia, nuestro contexto y necesidades, en algún sentido. Y, si algo o alguien nos arrebata esa parte de nosotros, el propio reflejo queda cojo de alguna esquina. Mirarnos de nuevo al espejo es un desafío que implica la propia restauración para volver a ser, a pesar de las ausencias. Nos confronta con una realidad que no reconocemos, una versión incompleta o fragmentada de nosotros mismos que debemos reconstruir. **El duelo es el proceso necesario para restaurar nuestra identidad herida por la ausencia.**

Esta reconstrucción estará marcada por el sentido de pertenencia, que se define como la sensación de estar conectado a algo o a alguien, a un entorno o grupo de personas, que nos hace sentir parte de algo más grande que nosotros y nos proporciona un marco de referencia para entender quiénes somos. Cuando experimentamos una pérdida, los cimientos de la pertenencia se tambalean. ¿A qué o a quién pertenezco después de mi despido? ¿Cómo se define mi familia tras la muerte de mi hermano? ¿Quién se supone que soy hoy, si lo que era hasta ahora ha estado marcado y definido por mi relación de pareja? ¿Qué queda de mí después de esta pérdida?

El proceso de duelo nos permite hallar respuestas a estas preguntas, a veces con demasiado dolor, intensidad y duración. Otras veces no parece un camino tan fácil ni directo, pero, ciertamente, las personas tendemos a tejer hilos que nos mantengan unidos a lugares, personas, entornos y circunstancias con los que nos identificamos. **El amor y los vínculos funcionan como un factor protector ante cualquier malestar emocional o psicológico.** Acompañarse, y hacerlo bien, es una de las grandes fortalezas del ser humano, uno de los secretos de la recuperación emocional. Por eso resulta más fácil reconstruirse con ayuda de los demás, por eso parece más razonable seguir comprendiendo nuestra identidad tras el duelo, a través de los vínculos con el resto, de los vínculos con lo que sí permanece y no hemos perdido. **Lo perdido nos define, sí, pero nos definía también junto con otras muchas cosas que aún permanecen.**

## Cuándo pedir cita con un psicólogo

Acudir a un profesional para iniciar un proceso terapéutico debido a un proceso de duelo es una tarea muy personal. Ya sabes que el duelo no es una enfermedad; aun así, a veces se complica y el malestar incapacitante dura demasiado tiempo. No necesitas presentar síntomas de lo que se conoce como «duelo patológico» para acudir a un psicólogo, puedes hacerlo si simplemente sientes que lo necesitas, pero te recomiendo valorar esta posibilidad si se da alguna de las siguientes situaciones:

- Cuando la negación de la pérdida es persistente y existe una incapacidad para asimilarla durante más de seis meses.
- Cuando se siente una obsesión constante por lo perdido.
- Cuando hay una dificultad permanente para reintegrarse en la vida cotidiana.
- Cuando se produce un aislamiento social, con retraimiento y evitación disfuncionales.
- Cuando hay una falta de red de apoyo, relaciones tensas o experiencias previas de duelo no resuelto.

## HAZLE UN HUECO AL DOLOR

- Cuando las emociones son muy extremas durante un periodo largo de tiempo y la desregulación emocional no mejora.
- Cuando hay una disfunción en áreas clave de la vida (laboral, académica o personal) y cierta negligencia en el autocuidado.
- Cuando se presentan pensamientos suicidas.

Capítulo 11
# LA TEORÍA DE LA LISTA DE LA COMPRA

En el verano del 2023 viví, quizá, el cambio vital más importante de lo que llevo de vida. Un duelo inmenso por el que transité durante casi un año, que me provocó un torbellino de sensaciones, sentimientos, experiencias, emociones y pensamientos, y que sostuve como pude. Pero también me sirvió para entender mejor a las personas dolientes, sus necesidades, frustraciones y miedos, y esa terrible sensación de que nunca dejará de doler.

Ya por entonces definía mi proceso de duelo como una constante lucha contra la expectativa, en forma de golpes. Cuando se rompe algo y sufres una pérdida tan grande que resulta imposible calibrar, tratas de continuar por un sendero de vivencias automáticas, hasta que de repente, en la cosa más absurda y pequeña, te das cuenta de que has perdido algo para siempre. Es un golpe de realidad que te deja noqueado, te coloca los pies en la tierra y cuesta reponerse. Es una punzada de duelo honda e intensa. De pronto, abres una puerta esperando encontrar algo o alguien al otro lado y ya no está; de repente vas a compartir un artículo con esa persona y ya no puedes; y, un día, te debes ocupar de esa otra cosa de la que se ocupaba ella y... no sabes ni por dónde empezar.

El duelo es aprender a vivir de nuevo, es adquirir un nuevo lenguaje, una nueva forma de continuar. Es, en realidad, volver a construir, a veces, casi desde cero. Construir unas nuevas reglas, tejer un nuevo tapiz, no siempre tal como desearías hacerlo. Y nunca, por supuesto, tal como lo has hecho hasta ahora.

Mi teoría de la lista de la compra habla precisamente de esto: de la expectativa confrontada, del desconcierto y la incertidumbre que genera ese choque con la realidad; pero, sobre todo, habla de volver a construir, de la esperanza, de creer, de tener paciencia, de hallarse, de confiar.

En pleno proceso de duelo me mudé y tuve que volver a hacer un hogar desde cero. Cuando hablamos de construir un hogar solemos pensar en la decoración, en rodearnos de nuestras cosas y acompañarnos de quienes queremos, en elegir muebles, colores y enseres con los que nos sintamos identificados... Pero también va muy ligado a las rutinas, a crear espacios y rincones para hacer aquello que debemos de una forma que nos guste, con la que sentirnos conectados y representados. Y entre esas rutinas se encuentran, por supuesto, algunas tareas tan obvias y que parecen tan insignificantes como cocinar, cambiar las sábanas o... hacer la compra.

## LA TEORÍA DE LA LISTA DE LA COMPRA

La primera vez que hice la compra en mi nueva casa y llegué con las bolsas a la cocina, las dejé en el suelo, miré alrededor y pensé: «Vale, ¿y ahora qué? ¿Dónde pongo cada cosa? Tengo varios espacios, ¿uso solo uno como despensa y el resto los dejo para guardar otras cosas? ¿Dónde coloco los productos de limpieza? ¿Me acordaré de que he guardado aquí las galletas? ¿El papel de aluminio es algo que usaré a menudo y lo debería tener a mano o lo guardo en este rincón para que no moleste?». No tenía ni idea de por dónde empezar. Así que me dije: «Empieza y luego corrige».

Y tanto que corregí. Cuando acababa de guardar una cosa, la movía de sitio porque no era un lugar apropiado; cuando ocupaba un espacio con la pasta y las legumbres, cambiaba de opinión y pensaba que ahí irían mejor las latas; a la quinta manzana, me daba cuenta de que en ese cajón no cabrían todas y había que buscarles un nuevo lugar. En fin, un caos. Un caos que se extendió a las siguientes semanas. Iba corrigiendo y cambiando espacios a medida que vivía. Te lo repito: iba corrigiendo y cambiando espacios a medida que vivía. Iba buscando una manera mejor de hacerlo, una forma más cómoda, más accesible, iba tratando de hallar el espacio perfecto para cada elemento. Poco a poco.

Hasta que un día... Semanas después, llegué a casa con la compra y, de repente, todo aquel procedimiento se había automatizado. Casi sin pensar, fui colocando cada cosa en su sitio. Los espacios estaban ya determinados, cada cajón tenía libre un lugar para colocar aquello que había traído del supermercado y todo estaba perfectamente ordenado. A los pocos minutos de empezar, había terminado. Ninguna duda. Ningún cambio. Ninguna corrección o rectificación. Todo en su sitio y a la primera. Recuerdo mirar alrededor y ser consciente de lo que había ocurrido casi sin darme cuenta: «Dios mío, con lo que me costó al principio poner esto en orden, decidir dónde guardar las puñeteras cebollas. Y, ahora, fíjate. Cómo es la vida, que, al final, todo encuentra su lugar. Todo termina acomodándose». Algo tan banal y rutinario como colocar la compra fue el detalle que me hizo comprender que mi duelo necesitaba tiempo para aclimatarse.

**Todo encuentra su lugar, todo termina acomodándose.** Es verdad. Volver a empezar es fascinante, porque, después, miras atrás y ves todo lo que has recorrido; muchas veces, sin tener ni idea de cómo lo has hecho. Pero lo has hecho. Porque estamos diseñados para eso, para encontrar nuestro sitio y hallar el rincón en el que poder, simplemente, ser. Esta es mi humilde teoría de la lista de la compra.

Olvida eso de que los fracasos son oportunidades, de que los malos momentos son aprendizajes y de que hay que pasarlo mal antes de ser feliz. No funciona así. Lo que quiero para ti, y para mí, es que tengamos la vida más fácil y cómoda posible. Si podemos no trabajar demasiado, mejor; si podemos tener dinero, mejor; si podemos no sentirnos mal, mejor. No quiero pasarlo mal, claro que no, quiero quitarme esta culpa de encima, dejar de sufrir ansiedad de repente, dejar de tener miedo a perderlo. Todo eso no me construye ni me fortalece, no me hace mejor persona ni más maduro. Nada de eso.

## LA TEORÍA DE LA LISTA DE LA COMPRA

Pero todo eso me sucede. Y no tengo suficiente dinero para vivir tranquilo, trabajo mogollón de horas, y por supuesto que tengo miedo a perderlo. Y, como me pasa todo eso, tengo que buscar la manera más inteligente y práctica de sostenerlo y sobrellevarlo. Debo —quiero— sacar algo de provecho de todo eso, quiero que me sirva. ¡De alguna forma me tiene que servir!

Y entonces es cuando le doy la vuelta, cambio el foco, lo miro desde otro lugar o me invento cualquier historia, cualquier metáfora, para comprenderlo mejor e integrarlo, para que me sea útil. Intento utilizar lo que me pasa para fortalecerme. Hasta que convierto la frustración —incluso la angustia— por no saber dónde colocar la compra en la enseñanza que me permite seguir sosteniendo el dolor y la pena, en la esperanza que me asegura que encontraré la manera.

Vivir y sentir a otra frecuencia es, a veces, angustioso. No solo porque de pronto recibes mogollón de estímulos que te hacen vibrar demasiado y que tambalean tus cimientos más a menudo de lo que querrías. Sino porque a los demás les cuesta entenderlo. No logran comprender y acceder a ese universo que tú sí eres capaz de visualizar detrás de la cocina vacía, todas las implicaciones que conforman la decisión del lugar en el que guardarás los garbanzos. Y a ello se suman los miedos, la necesidad de validación y apoyo, la compañía, sentir el amor incondicional del otro... Sí, a veces vivir a otra frecuencia es angustioso. Pero con este capítulo quiero transmitirte que las cosas acaban encontrando su lugar. Cuando encuentras ese lugar en el que poder ser tú, con todas tus aristas, y en el que pueden verte de verdad,

## HAZLE UN HUECO A LA SANACIÓN

al completo, quienes te rodean... Ahí, vivir a otra frecuencia deja de ser angustioso y comienza a ser infinito.

Para estar dispuesto a ello, para permitirse vivir así, hay que ser muy valiente. Es aceptar al completo el espectro emocional por el que transitas. Es desbloquear todos los niveles de ese continuo y aceptar y asumir con resignación, pero también con excitación e impaciencia, que te moverás por él en su totalidad; que, cuando lo pases mal, creerás que jamás dejarás de sentirte así, y, cuando seas feliz, sentirás cómo tocas el cielo. Yo, qué quieres que te diga, pero elijo vivir así con los ojos cerrados. Nada hay en el mundo como permitirse sentir.

## EPÍLOGO
# Y AHORA QUÉ

Hace unos meses me senté frente a una pantalla en blanco de mi ordenador, y la tarea de plasmar en estas páginas todo lo que podía ser útil para transitar un duelo me parecía demasiado abrumadora. No sabía por dónde empezar y estaba convencido de que no sería un proceso perfecto ni lineal. Pero, con el paso de las semanas, el blanco se iba llenando de letras negras convertidas en palabras, frases, párrafos y capítulos completos; igual que en mis pérdidas, en las que el tiempo fue coloreando algunos grises, mientras que a otros los dejaba convivir con el resto de los colores...

Echar la vista atrás y revisar tu propio texto es un conflicto interno constante, pues encuentras muchos detalles mejorables, sombras que necesitan un retoque, colores que no captan del todo la esencia de lo que quieres expresar. El proceso de duelo es inestable, bastante agitado, y deja muchas aristas por el camino que no necesitan ser recogidas, cuyo abandono construye también nuestra historia, nuestra recuperación.

A veces uno siente que retrocede cuando, en realidad, está profundizando en las capas de significado que antes no había visto, matizando y compactando lo escrito, lo vivido. Terminar un libro es abandonarlo, es asumir su imperfección y entender que ahí reside su autenticidad, su verdad. Es permitir ir, soltar. Igual que el proceso de duelo, que no deja de ser un proceso de abandono en el que sueltas la necesidad de permanencia para transformarla en algo más tangible, más capaz de ser integrado en una nueva vida. Con sus dolores, sus penas, sus frustraciones…, con sus imperfecciones.

Recuperarse de un duelo es un proceso especialmente personal y sobre todo particular que cada uno vive e interpreta de una forma única y no comparable. Es difícil evaluar una recuperación, aunque podría decir que debe parecerse mucho, en definitiva, a lo que te propongo a lo largo de las páginas de este libro: a hacerle un hueco al dolor, a reconstruirse, a volver a empezar.

Imagina una de esas bolas de nieve de cristal, esas esferas transparentes que contienen, normalmente, casitas o personitas dentro, paisajes y escenas navideñas. Esas bolas de cristal en que, al sacudirlas, diminutos copos de nieve inundan todo el espacio, se mueven de un lado a otro y caen muy poco a poco al suelo, allí donde se encontraban en un principio. El duelo es como agitar una de esas bolas, todo se remueve y cae con violencia, como pequeñas partículas de confusión. En esos momentos de agitación, todo parece un caos, un baile impre-

# EPÍLOGO

decible que nubla la visión y nos hace sentir perdidos entre emociones y pensamientos desalentadores. Durante un periodo, la nieve ocupa todo el espacio y nuestra mente se llena de niebla, pero con el paso del tiempo, esa misma nieve va volviendo a su lugar y asentándose en la superficie. Muchas veces ocupará espacios nuevos, esos pequeños copos se habrán movido de lugar y se redistribuirán de una forma diferente, pero la imagen que devuelve la bola de cristal es armónica, es orden, es paz. Casi todo lo que nos perturba acaba encontrando un lugar en el que acomodarse. No necesariamente se marcha y desaparece, simplemente tiene el potencial de encontrar un sitio en el que no moleste, donde poder manejarlo sin angustia.

«¿Y ahora qué?», me preguntan muchos pacientes cuando les doy el alta. A menudo, el alta llega cuando el duelo continúa presente, cuando siguen transitando el dolor, pero ya le han hecho espacio y saben manejarlo, ya han aprendido que la recuperación está más relacionada con convivir con él que con dejar de sentirlo. **Ahora, a seguir.** Como en tantas otras ocasiones en que hemos descubierto que el camino solo tiene una dirección.

Piensa en todas las veces que debiste volver a empezar. Desde tu primer día de cole, pasando por un cambio de clase, la llegada a la universidad, una nueva relación, un trabajo distinto, una mudanza, un nuevo grupo de amigos, una ciudad desconocida o ese proyecto que borraste e iniciaste varias veces antes de comenzar el definitivo. **Lo sabes hacer. Sabes volver a empezar.** De hecho, nunca empiezas de cero realmente, siempre partes de un principio del que obtienes cierta

## HAZLE UN HUECO AL DOLOR

ventaja: la experiencia, el bagaje emocional, un proceso terapéutico, la madurez, los buenos amigos o la cantidad de pérdidas a las que ya has sobrevivido. Lo has hecho tantas veces que, seguro, algunas ni las recuerdas. Y siempre has encontrado la manera. Porque siempre hay una manera. Y, ojo, no digo que sea una manera placentera, agradable y fácil. En absoluto. A veces, superar una pérdida consiste en entender que no podrás experimentar la felicidad del mismo modo que en el pasado, no podrás disfrutar más del rincón de esa casa en la que viviste o volver a oler a esa persona que ya no está a tu lado. Y, aun con todo, encontrarás la manera de volver a vivir. De una manera distinta, sí, porque los cambios nos cambian y las heridas también.

Incluso así, te confieso que hay ciertos días que pienso que no me gusta llevar algunas de mis cicatrices. Pero entonces intento recordar que vivir va un poco de eso, de ir viendo cómo aparecen las cicatrices y deber convivir con ellas. Al menos hagamos algo para que estas nos sean útiles, nos recuerden cosas que son valiosas y nos sirvan para crecer, para acercarnos a aquellos que nos cuidan, miman, protegen, acarician y nos hacen bien, para parecernos cada vez más a la persona que deseamos ser.

Querido lector, querida lectora: gracias por acompañarme en este viaje, por confiar y dejarme entrar en tu duelo, por hacerle un hueco al dolor. Estoy convencido de que estás siendo muy valiente. Ahora sabes que no estás solo o sola, que somos muchos los que te acompañamos en tu travesía, que el sufrimiento no es eterno, que puedes hacerlo, que se hace camino al andar.

## EPÍLOGO

Espero que este haya sido un espacio seguro para comenzar a sanar tus heridas, para aprender a respetar tus cicatrices. Si me necesitas, mi equipo y yo estaremos encantados de acompañarte en este momento de tu vida.

# AGRADECIMIENTOS

Gracias, Gonzalo, por hacer de mi vida un lugar tan bonito de habitar. No hay palabras para agradecerte lo bien que me has acompañado estos meses, la paciencia que has tenido y lo mucho que me has cuidado. Eres mi mejor aliado.

A Mateo y Martí; tan solo deseo que cuando leáis este libro os sintáis muy orgullosos de vuestro tío Dany y aprendáis que vuestras penas y malestares tienen espacio para ser y sanar. Siempre estaré con vosotros.

A papá, mamá, Chris, Ángel, Ana, Ivy, Diego, Esther y Juan Carlos; saberos mi familia me hace sentir una paz inmensa.

A Alberto, porque siempre formarás parte de mí y te tengo presente cada vez.

A mi editora, Alba, por cuidarme tantísimo y confiar en la opción arriesgada. He tenido mucha suerte de caminar de tu mano.

## HAZLE UN HUECO AL DOLOR

A Carlota, por escucharme y aconsejarme, por tu generosidad y por introducir este texto con tu sensibilidad y tu amor. Gracias.

A Virginia, Mariquiña, Pablo, Andrea y Víctor; gracias por acompañarme en mis decisiones y cuidarme con ellas. Os confiaría mi vida.

A mis amigos: Carmen, Sergio, Mavázquez, Valeria, Eva, Garri, Maca, Alba, Sara, Lucía, Isma, Fernando, Martha, Caro, Javi, Edu, Marta, Araceli, Andújar, Maparra, Adriana, Aurora, Crislo, Belén… Me siento profundamente arropado por vosotros. Si creo en mí es porque vosotros creéis en mí. Gracias.

A mis pacientes, por confiar en mí para daros la mano. Le habéis dado sentido a mi paso por la Tierra.

Este libro ha sido escrito mayoritariamente en mi casa de Sevilla, en el Greco, el refugio de mi propio proceso de duelo. Pero también en mi casa natal, en El Puerto; en la casa en la que vivo ahora, en Madrid; en distintos aeropuertos del país; en mi despacho de Sevilla; en la isla de Lanzarote; viajando en AVE por la España vaciada; en el parque de María Luisa, de Sevilla; y en el pueblo de Espartinas.

# LECTURAS RECOMENDADAS

Si eres psicoterapeuta o simplemente quieres entender el duelo de una forma más científica, atendiendo a conceptualizaciones académicas, vas a disfrutar mucho leyendo *Las tareas del duelo*, de Alba Payàs, o *El tratamiento del duelo*, de J. William Worden. Gran parte de lo que sé proviene principalmente de sus postulados.

Si te gustan los libros de autoayuda o divulgación, *El mensaje de las lágrimas*, de nuevo de Alba Payàs, enriquecerá la forma en la que procesas la pérdida en tu vida. También me gustaría mencionarte *Aprender de la pérdida*, de Neimeyer, y *El camino de las lágrimas*, de Jorge Bucay. Son libros muy emocionantes que te permitirán hacerle un hueco al dolor.

Por último, si quieres leer ficción o narrativa que hable sobre duelo, sin duda debo recomendarte uno de mis libros favoritos: *La ridícula idea de no volver a verte*, de Rosa Montero. También *Diario de duelo*, de Roland Barthes, que recoge el proceso de duelo del autor tras la muerte de su madre; *La vida después*, de Marta Rivera de la Cruz, y *También esto pasará*, una novela bonita, tierna y realista de Milena Busquets.

Estoy para ti en todas las redes sociales (@danyblazquez),
en mi correo electrónico (psicologo@danyblazquez.com)
o en mi web (www.danyblazquez.com),
donde podrás encontrar cursos, talleres, pódcast
o grupos de terapia para seguir profundizando en tu duelo
y haciéndole un hueco al dolor.

Este libro se terminó de imprimir
en el mes de octubre de 2024.